FACULTÉ DE DROIT DE PARIS

DROIT ROMAIN

SUR LE DÉVELOPPEMENT HISTORIQUE

DE

L'ACTIO INJURIARUM

EN DROIT PRIVÉ ROMAIN

DROIT FRANÇAIS

DE LA

DOUBLE NATIONALITÉ

DES

INDIVIDUS ET DES SOCIÉTÉS

THÈSE POUR LE DOCTORAT

PAR

Henri FROMAGEOT

AVOCAT A LA COUR D'APPEL DE PARIS
LAURÉAT DE LA FACULTÉ DE DROIT DE PARIS

PARIS

LIBRAIRIE NOUVELLE DE DROIT ET DE JURISPRUDENCE

ARTHUR ROUSSEAU, ÉDITEUR

14, RUE SOUFFLOT ET RUE TOULLIER, 13

1891

THÈSE

POUR LE DOCTORAT

FACULTÉ DE DROIT DE PARIS

DROIT ROMAIN

SUR LE DÉVELOPPEMENT HISTORIQUE

DE

L'ACTIO INJURIARUM

EN DROIT PRIVÉ ROMAIN

DROIT FRANÇAIS

DE LA

DOUBLE NATIONALITÉ

DES

INDIVIDUS ET DES SOCIÉTÉS

THÈSE POUR LE DOCTORAT

L'ACTE PUBLIC SUR LES MATIÈRES CI-APRÈS
Sera soutenu le Mercredi 28 Octobre 1891, à 1 heure du soir.

PAR

HENRI FROMAGEOT

AVOCAT A LA COUR D'APPEL DE PARIS
(LAURÉAT DE LA FACULTÉ DE DROIT DE PARIS)

Président : M. LYON-CAEN.

Suffragants : { MM. RATAUD
RENAULT
WEISS, *agrégé.* } *professeurs.*

PARIS

LIBRAIRIE NOUVELLE DE DROIT ET DE JURISPRUDENCE

ARTHUR ROUSSEAU, ÉDITEUR

14, RUE SOUFFLOT ET RUE TOULLIER, 13

1891

INTRODUCTION

Les législations n'ont pas seulement à connaître du respect de la personnalité physique des individus, ou du respect des choses que ceux-ci s'approprient conformément aux principes agréés de tous ; elles ont aussi à s'occuper du respect de la personnalité morale des citoyens. La loi ne doit pas se borner à protéger ces derniers contre les atteintes portées soit à leur corps soit à leurs biens, elle doit aussi les garantir contre les lésions de leur honneur, de leur réputation, de la considération qui les entoure en tant qu'hommes libres, membres de la même communauté que leurs concitoyens, jouissant des mêmes droits que celle-ci confère.

Si chez une nation encore grossière, cette notion de *l'intérêt moral* est peu sensible, elle progresse, au contraire, singulièrement à mesure que la civilisation rend les esprits plus fins et les sentiments plus délicats, et la protection juridique que le droit lui apporte suit naturellement la même marche.

C'est au développement historique de cette partie du droit romain privé qu'est consacrée cette étude.

Dans un premier chapitre nous rechercherons ce qu'était autrefois à Rome et notamment à l'époque de la loi des XII Tables la notion de la lésion de la personnalité morale (*injuria*) et comment le droit y portait remède (*actio injuriarum*).

Dans le second chapitre nous verrons comment le droit prétorien, aux prises avec des besoins sociaux nouveaux et une civilisation plus avancée, rendit cette protection plus efficace (*actio injuriarum œstimatoria*) particulièrement en modifiant le mode d'exercice de l'action donnée par les XII Tables.

Enfin, un troisième chapitre sera consacré à l'étude de l'extension apportée à la sphère d'application de l'*actio injuriarum œstimatoria*, à l'époque la plus avancée du droit romain.

SUR LE DÉVELOPPEMENT HISTORIQUE
DE L'ACTIO INJURIARUM
EN DROIT PRIVÉ ROMAIN *

CHAPITRE PREMIER

DE L'*injuria* ET DE L'*actio injuriarum* A L'ÉPOQUE
DE LA LOI DES XII TABLES.

1. — Dans le droit primitif, les lésions juridiques
que les individus pouvaient éprouver soit dans leurs personnes, soit dans leurs biens, trouvaient leur correctif
uniforme dans l'exercice de la justice privée. La victime

---

* Sources : Leges XII Tabularum, (*Voigt*) Tabul. VII, 16. — Edictum perpetuum (*Lenel*) XXXV, *De injuriis*. — Lex Cornelia *De Inju-*
riis (Dig. 5. 47. 10). — Digest. XLVII, 10 *De injuriis et famosis libellis.*
— Cod. Justin., IX, 35, *De injuriis.*

Cf. Weber, *Ueber Injurien und Schmæhschriften* (3e éd.). Leipzig,
1820. — Walter, *Ueber Ehre und Injurie nach ræmischem Rechte.*
(*Neu. Arch. f. Criminalr.*, IV, 1821). — Zimmerman, *De injuriis ex jure*
Romanorum. Berlin, 1825. — Hæffter, *Die Begriffsverschiedenheit der*
ræmischen und deutschen Injurie (*Arch. f. Criminalr. neu. ser.*),
1839, p. 237). — Grellet-Dumazeau, *Traité de la diffamation, de*
l'injure et de l'outrage, Paris, 1847. — Baumeister, *Ueber Injurien.*
Berlin, 1880. — Ihering, *Rechtschutz gegen iujuriæse Rechtsverlet-*

ou sa famille se vengeait sur la personne ou sur la chose, cause de la lésion (1).

A cette atteinte aux droits correspond l'*injuria*, ἀδικημα (2) dans son sens général *omne quod non jure fit* (3).

Un premier progrès consista à réglementer cette vengeance et à la transformer : au lieu d'une revanche matérielle, la victime consentit à recevoir à la place, à titre de transaction, une *pœna*, ποίνη, *wehrgeld*, une *peine* dans le sens de composition, de rançon (4).

Ce perfectionnement en amena un autre qui fut de déférer soit à un pouvoir supérieur, soit à des tiers arbitres, somme toute, à des juges (5) la décision des contestations et la fixation de la composition. En même temps que ces institutions prenaient naissance, on établissait d'avance les tarifs des compositions à payer pour

---

zungen (*Jahrb. für Dogmat.*, XXIII, 1885) : Trad. fr. par De Meulenaëre sous le titre de : *Actio injuriarum ; des lésions injurieuses en Droit romain et en Droit français.* Paris, 1888. — Landsberg, *Injuria und Beleidigung ;* Bonn, 1886, et parmi les ouvrages généraux, notamment: Doneau, *Comm. jur. civ.*, lib. XV, C. 24. — Mackeldey, *Handbuch d. ræm. R.*, § 487. — Rudorff, *Ræmische Rechtsgesch.*, II, p. 354. — Huschke, *Gaius : Beitr. z. Kritik und. z. Verstandniss s. Instit.* (Leipzig, 1855), p. 118 et 3. — Sintenis, *Das praktische gem. Civilr.*, II, § 124. — Walter, *Gesch. d. ræm. R. bis auf Just.* (3e éd., Bonn, 1861), II, 447. — Windscheid, *Lehrb. d. Pandekt.*, II, § 472 (6e éd., Frankfurt, 1887).

(1) Ihering, *Esp. Dr. R.*, I, 130 et 3 ; *De la faute*, p. 11.
(2) Dion Cass., II, 10.
(3) Ulpien, 56 *ad Ed.* (Dig. 1, pr. 47, 10, *De injuriis*).
(4) Ihering, I, 135 texte et note 54. — Cf. Tacite, *Germ.* Cap. 21. — *Capitul* 802 (Baluze, col. 372).
(5) Dion Cass., II, 9.

les délits les plus fréquents (1) ; on fixait les solutions
des difficultés qui se présentaient le plus ordinairement.
On distingua selon les circonstances dans lesquelles la
lésion s'était produite, selon que l'individu avait été lésé
dans sa personne ou dans ses biens, et lorsque les conventions privées devinrent usuelles, selon que le droit
violé était né ou non d'un contrat.

Les compositions étaient payées à l'aide de bétail,
d'objets servant aux échanges, plus tard de monnaies.

Ce qui est important à constater pour les développe-
ments qui vont suivre, c'est le caractère concret de ces
premières lois, qui n'envisageaient que le fait extérieur,
visible, par lequel on portait atteinte aux droits d'autrui (2). Ce ne fut que peu à peu qu'on s'éleva de ces
hypothèses purement concrètes à des dispositions générales présentant le caractère de règles de droit abstrai-
tes ; au lieu de prescrire une composition de *tant* pour
telle voie de fait, on arriva à prescrire une composition
de *tant* pour *telle espèce* de lésion en général. On établit
d'avance des règles pour prévenir les contestations, on
réglementa la procédure.

D'autre part, lorsque l'esprit de communauté se déve-
loppa davantage et que les intérêts communs se multi-
plièrent, à côté de l'idée de justice entre particuliers se
fit jour l'idée de justice vis-à-vis de la communauté en

(1) Cpr. *Lex Salica*, cap. 48 (Ed. Holder), *De convitiis.* — *Lex Saxo-
num*, cap. 11, 13 etc... Cf. Dareste. *Études d'hist. du droit*, pp. 126, 127,
131, 146, 150, 296, 337.
(2) Cf. Ihering, *Esp. Dr. rom.*, III, 113.

général : mais tandis qu'entre particuliers, les délits aboutissaient à une rançon, vis-à-vis de la communauté, ils aboutirent à une punition, à une répression dans le but de les empêcher et de faire en sorte qu'ils ne vinssent plus troubler la paix générale. La *pœna* qu'ils entraînent est alors une peine au sens criminel du mot, ainsi qu'on l'emploie communément aujourd'hui. Cette peine pouvait d'ailleurs être pécuniaire, mais elle avait ici le caractère d'une amende profitant au trésor public ; elle pouvait être corporelle, mais elle avait le caractère d'un châtiment et non pas d'une vengeance privée.

2. — Le droit romain était passé par toutes ces phases, lorsque furent rédigées les XII Tables. Ecrites au milieu d'une transformation sociale, et après plusieurs siècles de progrès, cette législation n'est donc plus le droit primitif ; elle en garde encore, il est vrai, de nombreuses traces ; mais c'est un droit perfectionné, d'où sortira à l'aide de la civilisation croissante, le droit prétorien (1).

Le fait est qu'à cette époque, la justice privée avait depuis longtemps fait place aux institutions publiques destinées à juger les différends (2). Les diverses lésions

---

(1) Fustel de Coulanges, *La Cité antique* (8e édit.), page 366.

(2) Cf. Dion-Cass., II, 9 « Ὁ δὲ Ῥωμύλος ἐπειδὴ διέκρινε τοὺς κρείτους ἀπὸ τῶν ἡττόνων, ἐνομοθέτει μετὰ τοῦτο καὶ διέταττεν, ἄχρὴ πράττειν ἑκατέρους· τοὺς μὲν εὐπατρίδας ἱερᾶσθαί τε καὶ ἄρχειν καὶ δικάζειν,..... — II. 12. Βασιλεῖ μὲν οὖν ἐξῆρητο τάδε τὰ γέρα·..... τῶν τε ἀδικημάτων τὰ μέγιστα μὲν αὐτὸν δικάζειν, τὰ δ'ἐλάττονα τοῖς βουλευταῖς ἐπιτρέπειν,...... »

juridiques étaient distinguées les unes des autres (1).
Les compositions avaient été fixées (2) : elles étaient
même payables en monnaie (3). La notion du droit pénal
proprement dit et de sa fonction répressive était depuis
longtemps établie (4). Enfin, le caractère de la peine
privée ou compensation, profitant à la victime, s'était
diversifié. D'une part, en effet, lorsqu'il y avait préjudice matériel immédiat, la peine avait pris le caractère
d'une réparation du dommage, et ce fut la notion de la
noxia nocita (5), que plus tard vint définitivement réglementer la *lex Aquilia*. La peine porte alors non pas sur
le fait même d'une atteinte portée au droit d'autrui,

(1) Cf. Dion-Cass., IV, 13 « Ὁ δὲ Τύλλιος τοὺς νόμους τοὺς τε συναλ-
λακτικοὺς καὶ τοὺς περὶ τῶν ἀδικημάτων ἐπεκύρωσε ταῖς φράτραις · ἦσαν δὲ
πεντήκοντά που μάλιστα τὸν ἀριθμόν.»

(2) Notamment par la *lex Menenia Sestia* [277 U. C. et 475 A. C. n.
(T. Liv. II, 52) — 302 U. C. et 452 A. C. n. (Haubold)]. Cf. Festus
v° *Peculatus* «... ante œs aut argentum signatum ob delicta pœna
gravissima erat duarum ovium et XXX bouum ; eam legem sanxerunt
T. Menenius Lanatus et P. Sextius Capitolinus cos. ; » — Cf. id. V°
Oribus, Maximam, Multa. — Aulu-Gell. *Noct. att.*, XI, 1 et Gronovius sur
Aul.-Gell, *ibid.* n° 6. — Tit. Liv. II, 52.

(3) Par la *Lex Aternia Tarpeia*. — 300 U. C. ; 454 A. C. n.(Haubold)
— 248 V. C. (Heineccus) 302 U. C. 3. T. Liv. III, 31. — Cf. Festus, v°
Peculatus »... Tarpeia lege cautum est, ut bos centissibus, ovis de-
cussibus estimaretur » id. V° *Oribus.* — Aul.-Gell. XI, 1. « Sed quum
ejus modi multa pecoris armentique a magistratibus dicta erat,
addicebantur boves ovesque alias precii parvi, alias majoris : eaque
res faciebat inœqualem multa pœnitionem. Idcirco postea lege
Aternia constitutisunt in oves æris deni, in boves æris centeni ».
— Dionys. Halic. X, 50.

(4) Dion Cass., II, 10 « ..... δίκας τε ἑλόντων ἰδίας ἢ ζημίας ὀφλόντων
δημοσίας ἀργυρικὸν ἐχούσας τίμημα ἐκ τῶν ἰδίων λύεσθαι χρημάτων.....»

(5) Cf. sur cette expression, Voigt, *Die XII Tafeln*, § 131 (II, 526).

mais bien sur les conséquences de cette atteinte ; elle a pour but, non pas de fournir une compensation de la lésion proprement dite, mais bien de réparer le dommage qui en est résulté.

D'autre part, lorsque le préjudice immédiat était moral, la peine conserva son ancien caractère de compensation : loin d'être une réparation, c'était un enrichissement procuré à la victime en compensation de ce qu'elle avait souffert une lésion de son droit ; c'est cette notion qu'on va retrouver plus loin à propos de l'*actio injuriarum*.

3. — Si on reprend maintenant l'expression d'*injuria*, on trouve qu'elle peut bien se référer toujours à toute lésion du droit *omne quod non jure fit*; mais elle a désormais un sens particulier plus restreint, qui est la lésion de la personnalité de l'individu, par opposition à l'atteinte portée à ses biens.

De plus, s'il est vrai que, primitivement le sentiment du droit ne cherchait pas au delà de la cause extérieure (homme ou chose) de la lésion, cependant la prise en considération du sentiment interne ou culpabilité objective, fut une notion qui se fit jour au moins de très bonne heure. On la trouve à l'époque des *leges regiæ*, à propos du parricide. — L'*injuria* se réfère spécialement à la lésion dolosive de la personnalité d'autrui.

L'*injuria* présente donc ainsi : *a*) un aspect subjectif qui est l'intention de léser autrui ; *b*) un aspect objectif qui est le fait même d'une atteinte à la personnalité d'autrui (1).

a) Apparemment, l'intention de nuire n'est pas formellement exprimée dans les XII Tables ; mais cette condition résulte de l'ensemble des autres dispositions, et on peut regarder cet élément comme allant de soi (2). D'ailleurs si le *dolus* est un élément nécessaire de l'*injuria*, à cette époque le droit ne poussait pas plus avant dans l'examen de l'état interne de l'auteur de la lésion. Plus tard, il est vrai, lorsque les sentiments se furent affinés davantage, on distingua la notion de l'*animus injuriandi* (3) et on en fit la caractéristique générale de l'*injuria (stricto sensu)* : mais ce fut un point de vue inconnu à l'époque des XII Tables et longtemps encore après elles (4).

b) Quant à l'atteinte à la personnalité d'autrui, il faut entendre par là la lésion des droits qui se rapportent à la personne.

Or cela comprend :

1° L'atteinte portée à la personnalité physique : coups et blessures non justifiés.

2° L'atteinte portée à la personnalité morale, à l'honneur, notion qui réside dans la relation morale intime de l'individu avec ses concitoyens (5), et dont la sphère

---

(1) Voigt, *Die XII Tafeln*, § 129, II, 517.
(2) Voigt, *loc. cit.*
(3) V. *infrà*, p. 74.
(4) Voigt, *op. cit.*, § 129, note 1. — Pernice, *Labeo*, II, p. 8.
(5) Cf. Austin, *Lect. on Jurisprud.* (3e éd.), II, 575, 788.

est naturellement essentiellement variable selon le temps et le degré de civilisation. Là où un individu peut à juste titre se dire injurié, un autre d'une éducation moins avancée n'aurait pas vu d'offense.

A l'époque des XII Tables et longtemps après, le droit romain ne vit d'atteinte à l'honneur, que là où il y avait un fait extérieur, commis sciemment et ne constituant pas l'exercice d'un droit. L'esprit n'était pas suffisamment affiné pour voir, comme cela eut lieu par la suite, une lésion juridiquement appréciable dans la simple mésestime de la personnalité morale, quoique couverte ou accompagnée au besoin par un acte licite en apparence, ou par une lésion patrimoniale.

L'atteinte portée à l'honneur se trouve ainsi comporter :

a) Les offenses verbales, auxquelles on doit joindre les propos écrits et pièces diffamatoires (*maledicta, occentus*).

b) Les offenses réelles, c'est-à-dire les voies de faits ne constituant pas des coups et blessures (gestes et actes contraires à l'honneur).

4. — L'*actio injuriarum* était le correctif des lésions de la personnalité morale.

Si injuriam alteri faxit, XXV poenas sunto (1).

Ce serait une erreur de croire qu'à l'époque des XII Tables, ce fut elle qui fût applicable à toute espèce de

----

(1) Tab. VII, 16 (Voigt).

lésion de la personnalité. Si primitivement il avait pu en être ainsi, cela n'existait plus. D'une part, en effet, un certain nombre d'hypothèses avaient été mises à part pour former les délits spéciaux, tombant sous le coup d'une action criminelle : telles étaient la *mali carminis incantatio* (1).

> Qui malum carmen incantassit, verberatus igni necator (2).

et les offenses commises sur la personne du *tribunus plebis* (3) ; — d'autre part les hypothèses de lésions emportant un dommage matériel se trouvaient déjà munies d'une action particulière : l'*actio noxiæ nocitæ*. Telles étaient la *membri ruptio*, l'*ossis fractio*.

> Si membrum rupit, ni cum eo pacit, talis esto.
> Manu, fusti si os fregit homini libero, CCC, servo, CL pœnas sunto (4).

Enfin, il faut remarquer que dans un certain cas, la *famosi carminis occentatio*, à côté de l'*act. injur.*, il y avait place pour une peine criminelle, comme on le verra plus loin.

5. — A la vérité, les offenses matérielles : *membri*

---

(1) Sur la distinction qu'il convient de faire, contrairement à certains interprètes, entre la *mali carminis incantatio* et la *famosi carminis occentatio*, Cf. Bruns, *Fontes Jur. rom.*, p. 27 et s., note 1, et *infrà*, p. 11.

(2) Tab. VIII, 9 (Voigt). — Cf. Voigt, *XII Taf.*, § 174, II, 800 et 3.

(3) Voigt, *op. cit.*, § 178, II, 825.

(4) Tab. VII, 14, 15 (Voigt).

ruptio, ossis fractio sont regardées, par les jurisconsultes de l'empire, comme comprises dans la sphère d'application de l'*act. injur.* (1). Bien que cette opinion ait été conservée depuis par la majorité des commentateurs (2), elle ne semble pas exacte. En effet (3) :

1° La *membri ruptio* et l'*ossis fractio* ne supposent pas nécessairement l'intention de nuire, elles peuvent parfaitement n'être la conséquence que d'une faute. Or, on a vu précédemment que l'élément subjectif de l'*injuria* (*str. sensu*) consiste dans l'intention de nuire.

2° De plus ce que le texte des XII Tables regarde comme l'élément essentiel de ces deux délits et de l'évaluation de la peine, c'est non pas l'atteinte elle-même portée à la personnalité, mais bien les conséquences qui en résultent : la rupture d'un membre ou d'un os. Or c'est là la notion de la *noxia nocita* et non pas celle de l'*injuria*, puisqu'on a vu que l'élément objectif de ce dernier délit est le fait même de porter atteinte à la personnalité d'autrui et non les conséquences qui en peuvent résulter.

3° Les dispositions de l'Édit des Préteurs rend cette explication encore plus vraisemblable. On sait en effet, que les Préteurs n'édictèrent aucune disposition parti-

---

(1) Cf. Aul.-Gelle, *Noct. Att.*, XX, I.— Gaius, *Instit.*, III, 223.— Paul, *Sent.*, V, 4, 6 ; *lib. de injur.* (Coll. II, 1, 5.)

(2) Cf. Huschke, *Gaius*, p. 118. — Rudorff, *Ræm. Rechtsgesch.*, II, 354. — Landsberg, *Injuria und Beleidigung*, p. 33.

(3) Cf. Voigt, *op. cit.*, § 129, II, 520 et s.

culière se référant au *membrum ruptum* ou à l'*os factum vel collisum*. On a dit (1) pour l'expliquer, qu'apparemment, ils avaient entendu faire rentrer cette lésion violente de la personnalité physique dans la disposition générale sur les injures. Je crois que c'est une erreur et voici pourquoi : le *generale Edictum de injuriis* se réfère à la disposition des XII Tables « *qui injuriam faxit*..... ». Quand les Préteurs ont voulu y rattacher quelque hypothèse faisant auparavant l'objet d'une disposition spéciale des XII Tables, ils ont pris soin de le mentionner ; c'est ce qui eut lieu pour l'*actio occentus* : la particularité de cette action, à savoir la *fustigatio*, ayant disparu, on la fit rentrer dans l'*act. injur.* ordinaire, et les Préteurs crurent nécessaire de le dire expressément. S'ils avaient regardé le *membrum ruptum* comme devant dorénavant être traité comme le *si injuriam faxit*, ils eussent agi de même. S'ils n'en ont rien fait, c'est que l'*act. de membro rupto* n'était pas de la sphère de l'*act. injuriar.*, mais bien de celle de l'*act. noxiæ nocitæ*, c'est-à-dire, à leur époque, de l'*act. leg. Aquiliæ*.

4° D'autre part, on remarquera que la peine de 150 as que prescrit la Table VII, 15, ne saurait s'expliquer autrement que comme peine de la *noxia nocita*, c'est-à-dire comme évaluation du préjudice causé. Voigt (2) le fait remarquer, avec beaucoup de raison, au sujet de l'*ossis fractio* de l'esclave. Si, en effet, ce délit était re-

(1) Huschke, *Gaius*, p. 134.
(2) Voigt, *op. cit.*, § 129, II. 52.

gardé comme une injure indirecte faite au maître, la peine n'aurait dû être que de 25 as.

5° Enfin si la *memb. rupt.* et l'*oss. fract.* avaient été réprimées comme *injuriæ*, par la Table VII, 14 et 15, elles n'eussent donné, venant de la part d'un esclave, aucune action à la victime contre le maître. Or incontestablement, dans une semblable hypothèse, il y avait lieu à l'*action noxale* : cela n'implique-t-il pas que ce sont là des faits qui doivent être rangés dans la sphère de la *noxia nocita* et non dans celle de l'*injuria*?

Il semble donc que, malgré Gaius et Aulu-Gelle, on soit autorisé à penser, qu'à l'époque des XII Tables, l'*actio injuriarum* n'était applicable qu'aux atteintes portées à la personnalité morale des individus et non aux coups et blessures.

Voigt (1) explique l'opinion des jurisconsultes de l'époque impériale, par l'histoire de la systématique du droit romain. Dans l'ordre matériel des dispositions des XII Tables, les actions pour injures suivaient immédiatement les actions en réparation. Cet ordre était le suivant : 1° De arboribus succisis ; 2° De pastu pecoris ; 3° De œdibus incensis ; 4° De rupitiis ; 5° De servo quadrupedive pecude occelso ; 6° De membris ruptis ; 7° De ossibus fractis ; 8° Injuriarum ; 9° Occentus. Les actions 4 et 5 (De rupitiis, De servo quadrupedive pecude occelso) furent mises à part par les jurisconsultes qui plus tard dans leurs systèmes adoptèrent l'ordre suivi

(1) Voigt, *loc. cit.*, p. 521 et 522.

par les XII Tables, notamment Aelius, Mucius et Sabinus (1). Les actions de *membris ruptis* et de *ossibus fractis* se trouvèrent d'une part séparées des autres actions
noxiæ nocitæ et d'autre part laissées à côté des *act. injuriar*. De sorte que c'est dans cette connexité purement
matérielle qu'il faut chercher la raison de l'erreur signalée plus haut, d'après laquelle les deux actions en question furent rattachées à l'*act. injur*.

L'opinion des jurisconsultes impériaux peut encore
s'expliquer d'une autre manière. Lorsqu'ils nous disent
*injuria committitur cum quis pugno aut fuste percussus
vel etiam verberatus est*, c'est qu'à la vérité une *act. injuriar*. civile pouvait bien, de leur temps, être intentée à
la suite de coups et blessures. Mais elle n'existait pas à
l'époque des XII Tables. Cela fut introduit sous l'Empire,
à l'imitation de la *lex Cornelia*. Cette loi introduisit une
action criminelle, l'*act. injuriar. leg. Corneliæ*, à l'effet
de réprimer pénalement les voies de fait. Or on sait qu'à
la suite des rescrits impériaux (2) la jurisprudence admit au civil l'exercice de l'*act. leg. Corneliæ*, jusque-là
action criminelle. Comme cette action se référait à la
pulsatio, verberatio, il était alors naturel de dire que l'*act.
injur*. était applicable aux voies de fait. Ainsi Gaius (3)
parle d'*injuria atrox* dans le cas de *verberatio*, c'est-à-dire

---

(1) Voigt renvoie sur ce point à son livre, *Das Ælius und Sabinus
System*, §§ 2 et s., 5 et 5.

(2) Ulpien, 57, *Ad Ed.* (Dig. 7, § 6, 47, 10). — Marcien, 14, *Institut.*
(Dig. 37, ibid.).

(3) Gaius, *Instit.* III, § 225.

précisément dans l'hypothèse pour laquelle l'*act. leg. Corn.* avait été introduite. Lorsque les jurisconsultes parlent d'une *act. injur.* des XII Tables, *propter membrum ruptum*, leur erreur consiste donc à attribuer à cette époque une théorie qui n'était vraie que de leur temps.

6. — Si nous considérons maintenant plus particulièrement la Table VII, 16, une double remarque est à faire sur le caractère qu'elle présente.

Il est intéressant de constater qu'on se trouve ici en présence d'une disposition générale abstraite et non pas d'un ensemble de dispositions spéciales visant des cas déterminés *in concreto*. Tandis que pour les injures ce premier pas était fait vers la généralisation, pour les hypothèses de la *noxia nocita*, la règle de droit ne tendit à devenir abstraite qu'avec la *lex Aquilia*.

Les lois germaniques et notamment la loi salique laissent voir, au contraire, ici un caractère bien plus arriéré. On sait en effet avec quels détails les hypothèses d'injures y sont spécifiées et déterminées ; au lieu d'établir une règle abstraite et générale applicable aux hypothèses qui peuvent être portées devant le juge, la loi se borne à établir une série de peines privées correspondant à une série de cas concrets (1).

7. — Connaissant la disposition des XII Tables et la sphère d'application de l'*act. injur.*, voyons comment

---

(1) Lex salica, cap. 48, *De conviliis*.

cette action était exercée ; j'examinerai ensuite le cas particulier de l'injure par diffamation et par écrit.

Il importe tout d'abord de rappeler la peine qu'entraînait notre action, car elle permettra d'établir la procédure qui y était suivie. On a vu que cette peine était uniformément (1) de XXV as (2).

Il convient de remarquer, en premier lieu, que la disposition des XII Tables était, sur ce point, loin d'avoir l'élasticité désirable permettant à la règle de droit de se conformer complètement à l'individualité des hypothèses (3). Du moment qu'il était établi qu'une injure avait été commise, la peine uniforme de XXV as s'ensuivait d'elle-même, quelles que fussent les circonstances du méfait. Cela était bien imparfait, on verra plus loin comment les Préteurs ne tardèrent pas à y obvier.

Quant au taux de la peine, il porte à croire que la procédure suivie était celle de la *legis actio per judicis postulationem* (4). On peut s'appuyer à cet égard

(1) L'uniformité de la peine prononcée contre les injures n'est pas unique dans l'histoire du droit : on en trouve notamment un autre exemple dans l'ancien droit slave. Cf. Dareste, *Étud. d'hist. du droit*, p. 230.

(2) Paul (d'après la *Coll.* 11, 5, 5), rapportant la disposition des XII Tables, substitue aux XXV as, « *XXV sesterciorum* ». — Cujas (*Observ.* XIX, 31), Saumaise (*De modo usurar.*, cap. 6), Jacq. Godefroid (*Ad legg. XII Tabul.*, p. 219) défendent cette leçon. — Il semble cependant qu'il y ait là soit une mauvaise lecture du texte, soit une erreur du jurisconsulte.

(3) Cf. Bouchaud, *Comment. sur la loi des XII Tab.* (2e éd.), II, p. 34. — Heineccius, *Antiq. Rom.*, p. 644.

(4) Cf. Ihering, *Esprit du Dr. rom.*, II, 92.

2

sur le passage de Gaius relatif à l'*act. sacramenti* (1).

« Pœna autem sacramenti aut quingenaria erat aut
    quinquagenaria. Nam de rebus mille æris plu-
    risve quingentis assibus, de minoris vero quin-
    quagenta assibus sacramento contendebatur ».

En effet d'une part le maximum de la *pœna sacramenti* était de 50 0/0 du montant de la demande, et
d'autre part le minimum étant de 50 as, il est facile
d'apercevoir que l'*act. sacramenti* ne pouvait être appliquée aux demandes de moins de 100 as, et par conséquent à l'*act. injuriar.* (2).

De plus on sait que dans la procédure *per judicis pos-
tulat.*, tout comme d'ailleurs dans la procédure *sacramenti*, le demandeur devait affirmer son droit (3):

Aio te mihi XXV dare oportere.

Mais tout porte à croire que déjà du temps des XII Tables, on ne se contentait plus dans l'*act. injur.* de cette
simple affirmation. On verra plus loin que la modification principale que le droit prétorien apporta à notre
action consista à déclarer que :

Qui agit injuriarum, certum dicat quid injuriæ factum sit.

Or si le préteur crut nécessaire de faire spécifier dans
la demande, et d'y préciser *in concreto* la nature de l'in-

---

(1) Voigt, *op. cit.*, § 130, II, p. 523. — *Contrà*, Kuntze, *Gesch. d.
rœm. Rechts*, II, 146. — Huschke, *Gaius*.
(2) Gaius, *Instit.*, IV, § 14.
(3) Voigt, *op. cit.*, II, 587.

juria en question, c'est apparemment que jusque-là on se contentait de mentionner *in abstracto* le fait seul d'avoir été injurié. D'où l'on peut conclure qu'à l'affirmation précédente, le demandeur joignait une *demonstratio* dans laquelle il exprimait la cause de sa prétention :

A te injuriam aio mihi factam esse, quam ob rem se mihi XXV dare oportet (1).

L'existence d'une *demonstratio* paraît d'ailleurs confirmée par analogie de l'*act. de arboribus succisis*, qui aboutissait à la même peine (2) que l'*act. injur.*, et qui, selon Gaius (3), comportait une *demonstratio*.

Or, on sait qu'il n'y avait place pour une *demonstratio* que dans la procédure *per iudic. postul.*, à la différence de la procédure *sacramenti* (4).

Enfin les contestations qui s'élevaient à propos des injures, ne portaient pas sur un droit méconnu nettement déterminé en lui-même, mais sur la question de savoir si, oui ou non, le demandeur pouvait se dire offensé : de là la nécessité d'une appréciation équitable des circonstances (5) par un juge, pour savoir si la peine des XXV as devait être appliquée.

(1) Voigt, *op. cit.*, II, 523.
(2) Tab. VII, 12.
(3) Gaius, *Instit.*, IV, 11.
(4) Cf. Keller, *Civil proc.*, (Trad. franç.), § 17. — Voigt, *op. cit.*, § 61, I, 592 ; § 60, I, 587 ; § 62, I, 607 ; § 130, II, 523. — Rudorff, *Rœmische Rechtsgesch.*, II, § 22, p. 82.
(5) Cf. Keller, *op. cit.*, p. 69. — C'est ainsi que la plupart des *act. bonæ fidei* de l'époque formulaire avaient vraisemblablement revêtu

On peut donc finalement se représenter l'*act. injur.* des XII Tables comme une action destinée à protéger les individus contre les atteintes portées à leur personnalité morale, action laissant déjà place à une certaine appréciation des faits.

8. — Voyons maintenant quelle était l'*act. injuriar.* particulière donnée dans le cas d'une atteinte à l'honneur par voie de diffamation par écrits, paroles ou chansons : *actio occentus* (1).

Qui occentassint verberantor (2).

Il est vraisemblable que cette *actio occentus* vint des abus et de la licence des très anciens chants Fescenniens (3), sortes de luttes poétiques, qui avaient lieu notamment lors de la célébration du mariage, au moment de la *domum ductio* (4) et qui, d'après quelques-uns (5),

auparavant la procédure *per judic. postul.* (Accarias, *Dr. romain*, II, p. 838).

(1) Cf. Pline, *Hist. natur.*, VII, 57, 223. — Val. Max., I, 1 et 2.

(2) Tab. VII, 16. On a parfois confondu l'*occentus* avec l'*incantatio* ou le *malum venenum*, par suite de l'expression *malum carmen* employée par les sources pour *famosum carmen* (Horace, *Sat.*, II, 1, 82) ; mais il suffit pour écarter cette confusion de se reporter : 1° au sens exact des mots *incantare* et *occentare* (Cf. Freund, Forcellini *h. v.*) ; 2° à la façon dont les auteurs les emploient (Pline, XXVIII, 2, 10, 17 ; — Cicéron, *Repub.*, IV, 12 ; — Festus, Vº *Occentassit*). — Cf. au surplus Bruns, *Fontes*, p. 27, note 1 *b*.

(3) Cf. Horace, *Epist.*, II, 1, 145 et s.

(4) Cf. Plaute, *Stich.*, IV, 1, 66 ; — *Circ.*, I, 2, 57. — Servius, *ad. Virg. Æn.*, VII, 695. — Tite-Live, VII, 2, 7. — Pline, III, 5. — Lucain, II, 368.

(5) Cf. Dillenbürger *sur* Horace, *loc. cit.*

tiraient leur nom même de leur caractère méchant et licencieux. L'expression *occentare* semble se référer, à l'origine, à l'atteinte à l'honneur commise dans ces circonstances (1) ; plus tard on l'appliqua à toute diffamation commise soit par des poésies en général, soit par des pièces de théâtre. Les sources fournissent d'ailleurs plusieurs exemples à cet égard. Ainsi Aulu-Gelle (2) rapporte l'*act. occentus* intentée par le consul Q. Cœcilius Metellus (a. 548) contre le poète Cn. Nœvius ; Cicéron (3) rapporte la même action intentée par le poète L. Æcius (a. 584-660) et le poète C. Lucilius (vers la fin du VI° siècle) contre des acteurs qui en scène avaient tenu sur leur compte des propos injurieux.

L'*actio occentus* comme *l'act. injur.* était exercée au moyen de la procédure *per judic. postul.*. Ainsi dans Cicéron (4) :

> C. Cœcilius *judex* absolvit injuriarum eum, qui Cœcilium poetam in scena nominatim lœserat.

La peine était également de XXV as (5). Mais à cette peine était jointe un châtiment, la *verberatio*, qui semble n'avoir jamais eu qu'un « caractère de police, et qu'on

(1) Voigt, II, 524, note 5.

(2) Aulu-Gelle, III, 3 *in fine*.

(3) Cicéron, *Ad Herenn.*, I, 14. « Mimus quidam nominatim Alcium poetam compellavit in scœna : cum eo Ælius injuriarium agit..... », II, 13.

(4) Cicéron, *Ad Herenn.*, II, 13.

(5) Gaïus, *Instit.*, III, 223. «..... Propter ceteras vero injurias XXV assium pœna erat constituta ».

ne peut pas plus considérer comme une peine privée que comme une peine criminelle » (1). La partie lésée n'avait pas à demander cette *verberatio ;* elle ne dépendait que du magistrat et non du juge. Elle n'était pas appliquée par le demandeur lui-même, mais par les ordres du magistrat, qui, au besoin, pouvait en exempter (2). Aussi pour qu'il en fût question, le demandeur devait-il joindre à sa *demonstratio* la mention que l'injure avait été commise *per occentationem* (3).

Un passage de Pseudo-Cornutus (4), le scholiaste de Perse, permet d'ailleurs de supposer que la *fustigatio,* mesure qui peut paraître rigoureuse, visait principalement les injures adressées au gouvernement et à ceux qui étaient à la tête de l'État (5).

(1) Voigt, *op. cit.,* II, p. 526.

(2) Aulu-Gelle, *loc. cit.* « Sicuti de Nævio..... ; quum ob assiduam male dicentiam et probra in principes civitatis de Græcorum poetarum more dicta, in vincula Romæ a triumviris confectus esset. Unde post a tribunis plebei exemptus est, quum in iis, quas supra dixi, fabulis, delicta sua et petulantias dictorum, quibus multos ante læserat, diluisset ».

(3) Sur la question de savoir en quoi consistait la *verberatio,* cf. Voigt, § 130, II, 525, note 13.

(4) Pseudo-Cornutus, *sur* Perse. *Sat.* I, 123 : « Cum amaritudine multa invecti sunt in principes civitatis, propter quod lege XII Tabularum cautum est ut fustibus feriretur qui publice invehebatur ». — Cf. également Aulu-Gelle, *loc. cit.* «... in principes civitatis... ».

(5) Cf. Montesquieu, *Esprit des lois,* VI, XV, p. 85. « La loi des XII Tables est pleine de dispositions très cruelles. Celle qui découvre mieux le dessein des décemvirs est la peine capitale prononcée contre les auteurs de libelles et les poètes. Cela n'est guère du génie de la république où le peuple aime à voir les grands humiliés. Mais des gens qui voulaient renverser la liberté, craignaient des écrits qui pouvaient rappeler l'esprit de liberté. » — Cf. Rudorff,

CHAPITRE II

DE L'ÉDIT DU PRÉTEUR SUR LES INJURES.

9. — Il est vraisemblable que ce fût vers le VIe siècle de Rome que les dispositions de la loi des XII Tables sur les injures furent modifiées (1).

Ce fut la conséquence (2) d'une part du progrès général de la civilisation, qui avait rapidement dépassé l'état social correspondant à la loi des XII Tables. Le nombre des citoyens augmentant chaque jour, les contestations se multipliaient ; il fallait leur rendre applicables les anciens principes. Un sentiment du droit plus délicat avait créé des besoins juridiques nouveaux ; il leur fallait des solutions nouvelles.

D'autre part, en ce qui touche particulièrement *l'act.*

Rœm. Rechtsgesch., II, § 107, note 3, p. 355. La répression de la diffamation fut en général de bonne heure l'objet de dispositions légales. Ainsi dans l'ancien droit scandinave, en Islande notamment (Cf. Dareste, *op. cit.*, p. 354) ; de même chez les anglo-normands (Cf. Glasson, *Hist. du dr. et des instit. de l'Angleterre*, p. 314) et en général chez les peuples amis de la poésie. L'action *of libel* contre la diffamation *par écrit* ne prit cependant naissance qu'assez tard en Angleterre, à l'époque de Bracton (Glasson, *op. cit.*, V, p. 345). On sait cependant d'autre part jusqu'où, au contraire, fut poussée la licence dramatique en Grèce, à l'époque de l'ancienne comédie.

(1) Cf. Schoell, *Leg. XII Tab. reliq.*, p. 6. — Huschke, *Gaius*, pp. 127, 128.

(2) Heineccius, *Antiq. rom.*, p. 646.

injur., des réformes législatives, indépendantes, il est vrai, de la théorie de *l'act. injur.* des XII Tables, en avaient cependant modifié, par contre-coup, les conséquences.

Ainsi la *lex Porcia* en 453 avait aboli le *fustigatio* pour les citoyens romains : *l'act. occentus* perdait donc sa particularité.

D'un autre côté, le changement des monnaies avait rendu dérisoire la peine des XXV as. On sait, en effet, qu'en considération des dettes écrasantes dont les plébéiens se trouvaient accablés, et dans le but de faciliter à ces malheureux les moyens d'exonération, le poids des as avait été changé. A l'époque des XII Tables, il était de 1 livre, soit de 12 onces ; il fut réduit vers la première guerre punique à 2 onces (1), bientôt après à 1 once par la *lex Papiria de re nummaria*, en 575.

Le résultat fut l'abolition par les préteurs de cette peine de XXV as (2) et une réforme profonde de *l'act. injur.* elle-même.

Quant à préciser plus exactement la date à laquelle fut rendu le premier édit *De injuriis*, c'est bien difficile.

L'anecdote fameuse de Lucius Veratius rapportée par Aulu-Gelle (3) fût-elle exacte, ne servirait pas à grand'chose à cet égard, puisque rien ne fait connaître

(1) Pline, *Hist. nat.*, XXXIII, 3.
(2) Aulu-Gelle, XX, 1 «... Prœtores postea hanc (*i. e.* pœnam XXV asses) abolescere et relinqui censuerunt... »
(3) Aulu-Gelle, XX, 1. « Quidam Lucius Veratius fuit egregie homo improbus atque immani vecordia. Is pro delectamento habebat, os hominis liberi manus sua palma verberare. Eum servus sequebatur,

l'époque à laquelle aurait vécu ce personnage. Il paraît prudent de ne voir là qu'une anecdote, sans y attacher, comme on l'a fait souvent (1), l'importance d'un fait historique, et sans non plus croire à une simple fiction imaginée (2).

D'ailleurs s'il est vrai (3) que la trace la plus ancienne de *l'act. injur.* nouvelle se rencontre dans un passage de *l'Asinaria* (4) de Plaute, où il semble qu'on fasse allusion à la formule, cela ne fait que corroborer l'opinion émise sur la date du VIe siècle.

Quoi qu'il en soit, voyons comment les préteurs apportèrent soit à l'action elle-même, soit à sa sphère d'application, les modifications désirables.

10. — On remarquera tout d'abord que les sources sont, il est vrai pour la plupart postérieures à Adrien, c'est-à-dire à la compilation de la jurisprudence prétorienne par Salvius Julianus ; bien plus nous ne connaissons guère cette jurisprudence prétorienne, en ce qui concerne les injures, que par les commentaires de Paul et d'Ulpien (5).

---

crumenam plenam assium portitans : et, quemcumque depalmaverat numerari statim secundum duodecim tabulas, quinque et viginti asses jubebat ».

(1) Entre autres Huschke, *op. cit.*, p. 127.
(2) Ainsi Rudorff, *op. cit.*, I, 105, *n.* 5.
(3) Lenel, *Edict. perpet.*, 321, *n.* 2.
(4) Plaute, *Asin.* II, 2, 104 «... Pugno malam si tibi percussero ».
(5) Paul, lib. 55. *ad edict.* — Ulpien, lib. 57. *ad Edict.* Le livre 56 de son commentaire semble plus particulièrement s'appliquer à la lex *Cornelia de injuriis* (Lenel, p. 320, *n.* 2).

Au point de vue historique, on se heurterait donc à de sérieuses difficultés, si, comme ce n'est pas vraisemblable, les dispositions de l'*Edict. perpet.* sur les injures avaient fait autre chose que de reproduire celles des *Edicta translaticia* antérieurs (1).

D'ailleurs des fragments tirés des commentaires de Labéon, quelques données historiques de Gaius et de Paul, plusieurs passages enfin des auteurs littéraires, fournissent des documents sur le droit qui fut en contact immédiat avec la législation des XII Tables.

§ 1. — De l'*action injuriarum œstimatoria*, considérée en elle-même.

11. — Au point de vue matériel l'Édit perpétuel contenait en ce qui concerne les injures une partie générale (*generale edictum*) (2), puis une série de dispositions

(1) Cela n'est pas sans intérêt à constater puisqu'il est très vraisemblable qu'Adrien accorda à Salvius Julianus, compilateur de l'*Edictum perpetuum*, un pouvoir analogue à celui que Justinien donna plus tard à Tribonien et à ses collaborateurs ; c'est-à-dire le pouvoir de modifier les anciens édits, d'y ajouter ou d'y supprimer, de décider les questions douteuses, enfin de mettre l'œuvre en harmonie avec le droit de l'époque. On sait en effet que Julianus réforma l'Édit de Pacuvius sur le prêt à usage, en substituant le mot *commodare* aux mots *utendum dare* (L. 1, § 1, D. Commod.) ; qu'il ajouta à l'édit *De conjungendis cum emancipato liberis ejus* (L. 3, D. De conjung.) ; qu'il modifia l'édit *Quod metus causa gestum erit*, lequel portait autrefois *Quod vi metusve causa* (L. 1, Dig. Quod met. caus.) ; qu'il trancha la question des droits du fisc sur les biens insolvables dans le sens de la secte Sabinienne (L. 1, pr. et L. 1, D. De jus. fisc.), qu'il est très vraisemblable qu'il introduisit de son chef l'*interdictum Salvianum* ; etc... (Cf. Bouchaud, *Diss. sur l'Édit ppet.* 390. sq.).

(2) Cf. Lenel, *Edict. perpet.*, 320 et sq.

particulières se référant aux innovations consacrées par les préteurs.

Cette partie générale avait pour objet de fixer les termes dans lesquels les préteurs autorisaient l'exercice de l'*actio injuriarum*.

> « Qui (1) autem injuriarum agit, certum dicat, quid injuriæ factum sit et taxationem ponat non minorem (2) quam quanti vadimonium fuerit ».

Huschke (3) suppose que cette disposition devait elle-même être précédée d'une autre, dans laquelle le préteur déclarait que toute action d'injures serait traitée *ex bono et æquo*. Que cela ait été dit ou non dans l'Édit, et quelle qu'en ait été la place, il est certain que notre action était *in bonum et æquum concepta*. Cela tient d'abord aux raisons mêmes qui, sous la procédure des *legis actiones* avait fait admettre la procédure de la *leg. act. p. judic. post.* et qui avaient amené la réforme prétorienne, de plus, cela est dit expressément dans les textes (4). On peut d'ailleurs remarquer que l'*act. injur.* offre les mêmes caractères que les autres actions *in b. et æq. conceptæ* (*act. de sepulchro violato* (5), *act. de effusis v.*

---

(1) *Coll.* II, 6, § 1.

(2) Huschke, *Gaius*, 135. Krueger, *collect.*, III. — « *Majorem* » Lenel.

(3) Huschke, *op. cit.*, 129. Texte et n. 29.

(4) Ulp., 57 *ad Ed.* (11, § D. 47. 10). « Injuriarum actio ex bono et æquo est ». — Cf. Paul, *de concurr. action* (34, pr. D. 44, 7). — Paul, 55, *ad Ed.* (18, pr. D. 47, 10).

(5) Papin, 8 *Quæst.* (10 D. 47, 12). — Ulpien, 25 *ad Ed.* (Dig., 3 pr., 47, 12); 61 *ad Ed.* (Dig. 20, § 5, 29, 2).

dejectis (1), *act. rei uxoriæ* (2), *act. ædilitia* (3), *act. funeraria* (4), elles ne reposent en principe sur aucun intérêt pécuniaire, et ne comptent donc pas dans le patrimoine jusqu'à la *litiscontestatio* (5) ; elles ont un intérêt moral et politique.

Pour l'étude de l'*act. injuriarum* d'après le droit prétorien, je me reporterai à la formule, qui en était la manifestation pratique. Mais on remarquera à cet égard que, si l'Edit des préteurs vint modifier les conditions d'exercice de notre action, celle-ci cependant ne devint pas pour cela action *honoraire* ; elle resta action *civile* (6),

(1) Ulp., 23 *ad Ed.* (5, § 5 *in fine*. D. q. 3) ; *ibid.* (Dig., 1 pr. 9, 3).

(2) Gaius, 4 *ad Ed. prov.* (Dig. 8, 4, 5). — Javolenus, 6 *poster. Lab.* (Dig. 66, § 7, 24, 3). — Proculus, 5 *Epistol.* (Dig. 82, 46, 3).

(3) *Instit. Justin.*, § 1, 4, 9. *Si quadrup.* — Ulpien, 2 *ad Ed. ædil. curul.* (Dig., 42, 21, 1).

(4) Ulpien, 25 *ad Ed.* (Dig. 14, § 9, 11, 17.

(5) Ulp. 34, *ad Sab.* (28, D. 47, 10. « Injuriarum actio in bonis nostris non computatur antequam litem contestemur ». — Cf. Ulp., 57 *ad. Ed.* (13, pr. 47, 10).

(6) On sait que Ulpien, *Regul* (Dig. 25, § 1, 44. 7) classe l'*actio injuriarum* parmi les actions *ex facto*. Cela ne saurait se référer à une particularité de la formule et signifier qu'elle fut *in factum concept.*, comme paraissent le croire un certain nombre d'auteurs [Rudorff, II, § 29, p. 98. — Keller, § 40, p. 177, paraît ranger l'*act. injur.* parmi les actions *in jus* et y admet la présence d'une *demonstratio* et d'une *intentio*. Au § 89, p. 434 il la range au contraire parmi les actions *in factum* prétoriennes. — Accarias, au contraire, n° 925, note 4 (II, page 287) range l'*act. injur.* parmi les *act. civilis*]. L'expression d'Ulpien ne se rapporte qu'à la cause concrète qui donne naissance à l'action. Ainsi d'après lui certaines actions naissent, *ex contractu*, d'autres *ex facto*, d'autres enfin *in factum* : *ex facto* et *in factum* doivent s'entendre *ex delicto* et in delictum (Cf. Cujas, *Comm. in dig.* (ad. h. leg.) Posth. III, p. 2009. — Pothier, *Pandect.* (h. tit. II, 1, § 2, *note* (b).

car d'une part, elle continua à avoir sa cause dans la législation civile [le « *si injuriam faxit* » des XII Tables], et d'autre part, il en fut de même de la condamnation qu'elle entraînait ; la loi des XII Tables prescrivait une peine pécuniaire (les XXV as) et ce n'est que la mesure de cette peine qui fut modifiée par les préteurs. On pourrait, par analogie, voir une raison de douter dans *l'act. furti manifesti* qui était honoraire, encore que la poursuite du *furtum* datât de la loi des XII Tables. Mais il est aisé de voir qu'ici les préteurs avaient fait bien plus que de modifier la mesure de la peine ; ils ont aboli la peine corporelle et ils ont *créé* une peine pécuniaire à la place ; d'où il était naturel que cette dernière ayant alors sa cause dans le *droit honoraire*, l'action qui tendait à la faire prononcer fût elle-même *action honoraire* (1).

Cette remarque est sans doute plus théorique que pratique, mais elle permet d'expliquer la rédaction matérielle de la formule de *l'act. injur.* et notamment la présence d'une *demonstratio* et d'une *intentio*, qu'on comprendrait difficilement dans une action *in factum*.

12. — Avant d'envisager séparément ces divers éléments de la formule il importe de s'arrêter tout d'abord sur la partie préliminaire, savoir la nomination du juge.

(1) Gaius, *Instit.*, IV, § III. — *Instit. Justin.* 4. 12. — Cf. Savigny, *System.* § 213 (V. p. 67. Trad. fr.).

Aulu-Gelle (1) après avoir signalé l'abolition de la
peine des XXV as de la loi des XII Tables, ajoute :

> « Prætores..... injuriis æstimandis recuperatores
> se daturos edixerunt ».

Apparemment l'*actio injur.* était donc portée devant
les récupérateurs. On a cependant des raisons d'en douter, car Gaius (2) rappelant l'histoire de l'*actio inj.* et de
la transformation prétorienne, ne parle que d'un *judex*,
aussi bien pour les injures légères que pour les injures
graves.

> «..... *judex* vel tanti condemnat quanti nos œstima-
> verimus..... sed cum atrocem injuriam..... *judex*
> quamvis possit vel minoris damnare..... »

A cet égard Keller (3) se borne à dire que les récupérateurs étaient appelés à statuer avec le judex.

Puchta (4) après avoir cité l'*act. inj.* comme une action où en principe le préteur nommait des récupérateurs, ajoute simplement que cela n'avait pas toujours
lieu.

---

(1) Aulu-Gelle, XX, 1.— Cf. également Cicéron. *De inv.*, II, XX, qui
parle d'un « *Judicium recuperatorium* » dans l'*actio injuriarum.*

(2) Gaius, *Inst.*, III, § 224. On cite souvent à côté de Gaius, le passage de Cicéron (*ad Hereun*, II, 13) où sont rapportés les procès d'injures des poètes Lucilius et Accius ; il est inexact d'en tirer un argument quelconque pour la question qui nous occupe puisque ces
procès se réfèrent à une époque où selon toute vraisemblance, c'était
la législation des XII Tables et la procédure des actions de la loi qui
étaient en vigueur.

(3) Keller, *Procéd. civ. et act. chez les romains.* Ch. I, § 8 (Trad.
p. 33).

(4) Puchta, *Instit.*, § 154, page 142 et note (k).

Accarias (1) pense que le demandeur avait le choix.

L'explication la plus vraisemblable paraît être celle de Huschke (2).

L'opposition des textes s'explique par le développement historique de l'action ; par les *recuperatores injuriis œstimandis* dont parle Aullu-Gele, il faut entendre des *arbritri litis œstimandæ*. On sait en effet qu'à l'époque de la procédure *per leg. act.* dans les hypothèses où il y avait une évaluation pécuniaire à faire, il existait à cet effet une sorte de procédure subsidiaire *arbitrium litis œstimandæ* (3), procédure ayant lieu soit devant le *judex* ou le collège ayant statué sur la question principale, soit devant les *arbitres* (4) dont la seule mission était d'établir cette estimation (5). Ces sortes de juges d'estimation devinrent fréquents entre citoyens romains, et c'est pour ces questions que furent tout d'abord nommés les récupérateurs (6). La procédure de l'*act. injur.*, que les préteurs vinrent substituer à celle de la *leg. act.*, consistait donc en ce que, après l'*actionis editio* et la *postulatio*, le magistrat nommait des *recuperatores* pour évaluer l'injure (vraisemblablement 3, dont 2 sur l'*advocatio* de chacune des parties) ; puis il

(1) Accarias, II, n° 737, *in fine*.
(2) Huschke, *Gaius*, p. 138 et 139.
(3) Keller, § 16, p. 65. — Cf. Cic., *Pro. Cluent.*, 41 « Œstimationem litium non est judicium ».
(4) Festus, V° *Vindice in fine*. — Keller, § 16, p. 65.
(5) Huschke, *R. d. Nex.*, p. 163. — Keller, *loc. cit.*
(6) Cpr. T. Liv., 26, 48.

portait au *judex* de l'action, au moyen de la formule, la somme évaluée par les récupérateurs. La formule n'était donc pas encore *ex æquo et bono*, elle contenait une *condemnatio certa.* C'est vraisemblablement dans la 1ʳᵉ moitié du VIIᵉ siècle que l'action d'injures se débarrassa des inconvénients de cette double procédure, en laissant le demandeur fixer par serment le montant de l'estimation et en réunissant dans une seule formule et une procédure unique la fonction remplie jusque-là par les récupérateurs et le *judex.*

13. — Envisageons maintenant séparément les diverses parties de la formule :

Tout d'abord conformément aux termes mêmes de l'Édit,

« Qui injuriarum agit certum dicat quid injuria factum sit »,

le demandeur doit établir avec précision dans une *demonstratio* (1) les faits injurieux dont il se plaint. Paul prenant l'hypothèse d'un soufflet, donne comme exemple :

« Quod Auli Ageri pugno mala percussa est » (2).

Ainsi présentée la *demonstratio* ne serait cependant pas complète et ne pourrait suffire comme base à une *condemnatio ;* elle ne mentionne, en effet, que l'atteinte à la personnalité du demandeur, or il est aisé d'apercevoir que cette atteinte peut exister sans qu'il y ait eu in-

---

(1) Cf. Gaïus, *Instit.*, IV, § 60. — Paul, *De injuriis* (*Coll.* II, 6, § 4).
(2) Paul, *loc. cit.* (*Coll.* II, 6, § 4).

tion de nuire ou imputabilité, plus exactement, sans qu'il y ait eu injure. L'*actio injuriarum* ne pouvant être intentée sans qu'il y ait eu dol (1), cet élément ne saurait être passé sous silence dans la formule. Le jurisconsulte Paul n'en parle pas, mais cela peut s'expliquer: il ne se propose pas en effet de donner à proprement parler un modèle de *demonstratio* pour l'*act. injuriarum*, il a seulement l'intention de montrer comment dans cette *demonstratio* doit être appliqué le *certum dicat* de l'édit (2).

Aussi Lenel fait-il remarquer (3), avec raison, qu'il faut dire,

> « Quod dolo malo Nⁱ Nⁱ A° A° pugno mala percussa est ».

Huschke (4) agit différemment ; il ne fait pas figurer le *dolus* dans la *demonstratio*, mais il fait suivre celle-ci d'une *intentio* où l'élément dolosif est mentionné.

> « Si paret Nᵐ Nᵐ ea re A° A° injuriam fecisse ».

(1) Ulp., 56 *ad Ed* (§ 3, D. 47, 10) « injuria ex affectu facientis consistit ».— Quintil., *Inst. orat.*, VII, 4, 32, « injuriarum actio facto atque animo continetur. » — Cf. Paul 50 *ad Ed.* (4, D. 46, 10) « Si cum servo meo pugnum ducere vellem, in proximo te stantem invitus percusserim, injuriarum non teneor ». — Ulp., 56, *ad Ed.* (3 § 1, D. 47, 10) « facere (injurias) non possunt.... furiosus et impubes quia doli capax non est. » — Paul, *Sent.*, V, 4, 2. « Furiosus itemque infans affectu doli et captu contumeliæ carent idcirco injuriarum agi cum his non potest ».

(2) *Coll.* II, § 1, 5.

(3) Lenel, *Edict. ppet.* 321.

(4) Huschke, *Gaïus*, pp. 129, 130. — De même Hecke, *Taxatio*, n° 86.

3

Une autre particularité est à remarquer dans la formule que Paul donne comme exemple : elle ne mentionne que le nom du demandeur. Il faut mettre le nom du demandeur et du défendeur. L'*actio injuriarum* est, en effet, une action *in personam* ; elle a pour objet un droit de créance. Or, en principe (1), la formule ne donne un énoncé clair et complet de la prétention qu'autant qu'elle porte et le nom du créancier et le nom du débiteur.

Quant aux conséquences d'une fausse *demonstratio* ou plutôt d'une *demonstratio* erronée, il semble que ce soit là une question se rattachant à une controverse plus étendue, celle de savoir si, dans les actions emportant infamie, celui qui fait une *demonstratio* erronée perd son procès.

Cette controverse est rapportée par Gaius (2).

> « Apud quosdam scriptum invenimus, in actione depositi et denique in ceteris omnibus ex quibus damnatus unusquisque igominia notatur, eum qui plusquam oporteret demonstraverit, litem perdere : veluti si..... is cui pugno mala percussa est, in actione injuriarum etiam aliam partem corporis percussam sibi demonstraverit ».

Malheureusement nous n'avons pas le passage com-

---

(1) On sait cependant qu'il n'y a rien d'absolu, puisque dans l'*act.* *quod metus causa* par exemple, action assurément personnelle, la formule (ici l'*intentio*) ne mentionne pas le nom du défendeur ; Ulpien, 11 *ad Ed.* (Dig. 9, § 8 et 14, § 3, 4, 2).

(2) Gaius, *Inst.*, IV, § 60.

plet. Le manuscrit de Vérone laisse ici une lacune qui n'a pu être restituée. Nous savons donc seulement que d'après certains jurisconsultes, une *pluris demonstratio* et particulièrement une *pluris demonstratio* dans l'*actio injuriarum* entraînait la perte du procès. Mais quels étaient ces jurisconsultes ? quelle était l'opinion de Gaius ? le texte nous fait défaut à cet égard.

14. — Conformément à l'édit,

> « Qui injuriarum agit..... taxationem ponat non majorem quam quanti vadimonium fuerit » (1),

une clause d'estimation servant d'*intentio* suivait la *demonstratio* (2).

On l'a restituée comme il suit, d'après les termes mêmes de Paul et d'Ulpien (3) :

> « Quantum pecuniam ($^{tibi}_{vobis}$) bonum æqum videbitur ob eam rem N^m N^m A° A° condemnari ».

15. — Enfin venait la *condemnatio* avec *taxatio :*

> « Dumtaxat HS....., tantam pecuniam ($^{Judex}_{recuperatores}$) N^m N^m A° A° ($^{condemna}_{condemnate}$) s. n. p. a. ».

Par cette *condemnatio cum taxatione* le magistrat posait au juge un maximum, qui était le montant du *vadimonium.*

(1) Lenel, *loc. cit.*

(2) Paul, 55 *ad Ed.* (Dig. 18, pr. 47, 18) « ..... non esse bonum æquum ob eam rem condemnari » ; — *De concurr. action.* (Dig. 34, pr. 44)... actionem injuriarum consumi quoniam desiit bonum et æquum esse condemnari eum, qui æstimationem præstiterit ».

(3) Ulpien, 57 *ad Ed.* (Dig. 17, § 2, 47, 10). « Mela putat, dandam mihi injuriarum adversus te in quantum ob eam rem æquum judici videbitur ».

16. — Par *vadimonium*, il faut entendre ici le *vadimonium* promis après l'*in jus vocatio* (1) c'est-à-dire l'engagement pris par le défendeur envers le demandeur de se présenter de nouveau à un jour déterminé pour *continuer* la procédure *in jure* commencée.

On sait que déjà à l'époque de Cicéron (2) et plus tard dans les temps qui suivirent, on eut recours à une autre espèce de *vadimonium* opéré hors de la présence du magistrat. L'*in jus vocatio* qui obligeait le défendeur à suivre immédiatement le demandeur, sous peine d'y être contraint par la force, avait quelque chose de rude et de grossier qui ne répondait plus au degré de la civilisation. On y avait remédié par l'emploi d'un *vadimonium* nouveau, lequel consistait dans l'engagement pris par le défendeur, de comparaître devant le magistrat pour la première fois à jour fixé, au lieu de suivre sans délai son adversaire (3).

Ce *vadimonium* pouvait-il tenir lieu du précédent dans l'*act. injur.* ? Cela n'est guère vraisemblable. Il est peu probable en effet que dans le nouveau *vadimonium*, le demandeur pût exiger de son adversaire la promesse d'une *summa vadimonii* déterminée (4), car l'appréciation des circonstances qui, la plupart du temps et parti-

(1) Huschke, *Gaius*, p. 135.
(2) Cicéron, *Pr. Quint.*, 5, 6, 19, 21, 28. — *Pr. Tull.* 20. « Dixit deducturum se Tullius, vadimonium promissurum ». — T. Live, XXIII, 32.
(3) Dig. « In jus vocati aut eant aut satis vel cautum dent » II, 6.
(4) Cf. Keller, § 47, p. 211.

culièrement dans l'*act. injur.* servait à fixer cette somme, nécessitait la présence du magistrat et parfois même ici son concours (1).

Si, en effet le *vadimonium* était le plus souvent établi par le demandeur lui-même avec un *pro calumnia jurare* (2), il n'en était pas de même lorsque le magistrat regardait l'injure comme *atrox*, car alors c'était lui-même qui l'établissait (3).

Quant au montant du *vadimonium*, on sait que dans les autres actions, (sauf les actions *judicati et depensi*), le demandeur était soumis à un double maximum, l'un relatif à la moitié de la valeur du litige et l'autre absolu 100.000 HS. (4), ce qui était censé équivaloir à la valeur normale d'un homme libre emmené en servitude (5).

De ces deux limites, la seconde seule était applicable à notre action. Huschke (6) le fait remarquer avec raison.

(1) Keller, *loc. cit.*

(2) Gaius, *Inst.*, 4, 186. « Quanti actor juraverit non calumniæ causa sibi vadimonium promitti ».

(3) Gaius, *Instit.*, 3, 224. «... Permittitur... nobis a prætore ipsis injuriam æstimare... Sed cum atrocem injuriam prætor æstimare soleat, si simul constituerit, quantæ pecuniæ eo nomine fieri debeat vadimonium hac ipsa quantitate taxamus formulam.. ». — Ulpien, *Reg. De injur.* (*Coll.* II, 2, 1). « Injuria siquidem atrox, id est gravis, non est, sine judicis arbitrio œstimatur ; atrocem autem æstimare solere prætorem idque colligi ex facto, ut puta si verberatus vel vulneratus quis fuerit ». — Ulpien, 5 *ad Edict.* (D. 2, 2, 12). « Divus Marcus effecit, de aliis speciebus prætorem adiri etiam diebus fereciatis... ut aspectu atrox injuria æstimetur ».

(4) Gaius, *Inst.*, 4, 186.

(5) Cf. Huschke, p. 136, note 58.

(6) Huschke, *Gaius*, p. 136.

Depuis l'abolition de la peine de XXV as, tout droit à
une satisfaction pour injures ne reposait plus que sur la
procédure ; l'objet de l'action était à proprement parler
la promesse du *vadimonium*, dans laquelle se manifestait la totalité de l'intérêt du demandeur, encore plus
peut-être que dans les actions *judicati et depensi*, où le
demandeur avait déjà par lui-même un droit. On conçoit
ainsi qu'on prit en considération tout cet intérêt dans
la fixation de la *summa vadimonii* et que cette fixation et
l'estimation de l'injure fussent par conséquent le même
acte. C'est ce qui explique l'expression dont se servent
les sources, quand on y lit que la partie elle-même fait
l'estimation de l'injure *permittitur nobis a Prætore ipsis
injuriam æstimare* (1).

(1) Gaius, *Instit.*, 3, 324. Ce sont les considérations qui précèdent
qui ont amené Huschke à donner de la *Collatio* II, 6, § 1, la lecture
que j'ai cru pouvoir adopter précédemment à son exemple et à celui
de Lenel (*Ed. ppet.*, p. 320) « qui injur. agit, taxationem ponat *non
majorem* quam quanti vadimonium fuerit » au lieu de *non minorem*,
lecture adoptée tout d'abord, puis répudiée par Huschke lui-même
(Cf. Imm. Huschke, *Analecta litterar.*, pp. 267, 271. — *Gaius*, p. 137,
texte et note 62), admise cependant encore tout récemment par
P. Krueger (*Collect. Libror. jur. antej.*, tome III (1890, p. 145, 16).
« Hætte der Prætor geboten, der Klæger solle nicht eine geringere
Summe als *taxatio* in die Klagformel setzen, als er das *vadimonium*
eidlich abgeschætz, so wære es theils unbegreiflich, warum der
Klæger, der immer noch mit dem Beklagten paciscieren konnte,
nicht das Recht hætte haben sollen, sich nach besserem Besinnen
mit einer geringeren Summe zü begnügen, theils wurde die *taxatio*,
wenn nun der Klæger die ins Unendliche hoch stellen konnte, allen
Zweck verloren haben. Umgekehrt wollte der Prætor, in dem er nicht
geradezu sagte *taxationem tanti, quanti*, sondern *taxationem non
majorem, quam quanti vadimonium fuerit*, dem Klæger verstatten,
seine eidliche Abschætzung bei Ertheilung der Formel selbst noch

On vient de voir que le droit prétorien prenait en considération la gravité de l'offense et confiait au magistrat le soin de fixer le *vadimonium* et, par là, l'estimation de l'*injuria*, quand celle-ci était *atrox*.

Il est vraisemblable qu'à cet égard (1) l'édit avait dû porter primitivement quelque disposition s'y référant : « Si atrox esse injuria videbitur, quantæ pecuniæ nomine vadimonium fieri debeat, ipse constituam » (2), disposition dont le texte ne nous est pas parvenu, ou que Salvius Julianus n'avait pas cru devoir renouveler dans l'*Edict. ppet.*

De ce que c'était le préteur qui établissait lui-même l'estimation, il résultait, comme le signale d'ailleurs Gaius, que, dans l'hypothèse d'*injuria atrox*, c'était en somme le préteur qui décidait du montant de la peine, bien plus que le juge. A la vérité ce dernier avait bien le pouvoir de condamner à une somme inférieure à cette estimation, mais le plus souvent il n'osait le faire par respect pour l'autorité du magistrat.

«..... Et judex quamvis possit vel minoris damnare plerumque tamen propter ipsius prætoris auctoritatem non audet minuere condemnationem (3) ».

Il est d'ailleurs probable que le montant de la peine

zu mindern, was insofern für ihn wichtig war, als nach seiner *taxatio* die *decima pars* des *contrarium judicium*, dem er im Fall des Unterliegens ausgesetz war, sich richtete » (Cf. *ibid.*, note 63).

(1) Huschke, *Gaius*, p. 140.

(2) Cf. Gaius, *Instit.*, III, 224.

(3) Gaius, *Instit.*, III, 224.

était précisément d'autant plus élevé que la fixation appartenait à un magistrat d'un ordre supérieur (1).

Quant à la question de savoir si telle injure était ou non *atrox*, cela était affaire de jurisprudence et question de fait, s'appréciant d'après les circonstances, le temps, le lieu de l'injure, d'après la personnalité de l'offensé. Il en était déjà ainsi du temps de Labeo.

17. — D'après Huschke (2), le fait que l'*act. injur.* était *in bonum et æq. concepta,* rendait inutile par là même l'introduction d'exceptions dans la formule, comme cela a lieu dans les *bonæ fidei actiones.* Cela serait vrai absolument si les exceptions à opposer à l'*act. injur.* reposaient uniquement sur l'équité (3) et non sur des considérations arbitraires. Or l'injure était supposée oubliée, pardonnée au bout d'un an, et, passé ce délai, elle ne pouvait plus donner lieu à l'*act. injur.* (4). Ce délai était d'une année utile (5) ; introduit par les préteurs pour les actions pénales en général (6), il avait dû donner lieu primitivement à une *præscriptio temporis* (7) ; déjà

(1) Gaius, *Instit.*, III, 225. — *Instit.*, § 9, 4, 4. — Paul, *Sent.*, 5, 4, § 10 (Collat. II, 2). — Ulpien, 57 *ad Ed.* (Dig. 7, §§ 2, 3, 6, 8, 47, 10 ; 9, *ibid.* ; 17, § 3, *ibid.*) — 3 *De Omnib. Tribun.* (Dig. 35, *ibid.*). — Paul, 55 *ad Ed.* (Dig. 8, *ibid.*).— Macer, 2, *Public. jud.* (Dig. 40, *ibid.*). C. 4. Cod. Just. 9, 35.

(2) Huschkte, *Gaius*, p. 134.

(3) *Fragm. Vatic.*, § 94 « Doli exceptio bonæ fidei judiciis inest ».

(4) Impp. Dioclet. et Maxim. (Cod. Just. 5, 9, 35) «... Cum injuriarum actio annuo tempore præscripta sit.... »

(5) Keller, § 93, p. 451. — Puchta, *Instit.*, § 208, II, p. 65.

(6) Keller, *Loc. cit.*

(7) Keller, § 43, p. 190. — Accarias, II, n° 921.

du temps de Gaïus on le faisait valoir par une exception (1), et il semble bien résulter de la constitution de Dioclétien, qui nous le fait connaître, qu'il se manifestait sous cette forme dans la formule (2) de l'*act. injur*.

18. — On peut donc finalement se représenter l'ensemble de la formule de l'action *injur. æstimatoria*, comme conçu dans des termes analogues à ceux-ci :

« Quod dolo malo N^i N^i A^o A^o pugno mala percussa est q. d. r. a. quantam pecuniam $\left(\substack{\text{tibi}\\\text{vobis}}\right)$ bonum æquum videbitur ob eam rem N^m N^m A^o A^o condemnari dumtaxat H S......, tantam pecuniam, si non plus quam annus est, cum de ea re experiundi potestas fuit $\left(\substack{\text{Index}\\\text{recuperatores}}\right)$ N^m N^m A^o A^o $\left(\substack{\text{condemna}\\\text{condemnate}}\right)$ si non paret $\left(\substack{\text{absolve}\\\text{absolvete}}\right)$.

19. — En même temps que les préteurs abolirent la peine des XXV as de la loi des XII Tables et qu'ils établirent l'estimation des injures dans les termes qui viennent d'être indiqués, ils apportèrent en outre une peine particulière nouvelle : ils frappèrent d'infamie (3) le défendeur condamné pour injures.

20. — En revanche, ils établirent en sa faveur *un ju-*

---

(1) Cpr. Marcellus, 7 *Digestor*, (Dig. 1. 40, 14). — Keller, *loc. cit.* — Accarias, II, 926, 2°.

(2) Lenel, *Ed. perpet.*, p. 321.

(3) Cf. Cicéron, *Verr.*, II, 2, 8. « .... petit Nœvius Turpio quidam, istius excursior et emissarius homo omnium ex illo conventu quadruplatorum deterrimus, C. Sacerdoti prætore condemnatus injuriarum » — Paul, *Sent.*, V, 429 « Injuriarum civiliter damnatus ejusque æstimationem inferre jussus famosus efficitur ».

dicium contrarium (1) pour le cas où il serait absous. On
sait que ce *judicium* était donné en dehors de tout reproche de chicane de la part du demandeur. Il était également indépendant du *judicium calumniæ* (2) que tout
défendeur pouvait demander contre son adversaire (3),
s'il se croyait en état de repousser la prétention élevée
contre lui et de prouver la mauvaise foi du demandeur.
La condamnation que portait le *contrarium judicium*, ne
se référait qu'au triomphe éventuel du défendeur dans
l'action principale, c'était « comme une sorte de prix attaché à sa victoire (4) ». Le montant de cette condamnation était du dixième de celle qu'il eut subie par l'effet de
l'action principale (5). D'ailleurs si le défendeur absous
avait ainsi ces deux *judicia* à sa disposition (*judic. ca-
lumn.* et *judic. contrar.*), il faut ajouter que l'exercice
de l'un excluait l'autre (6).

(1) Gaius, *Instit.*, IV, § 177 « Contrarium autem judicium ex certis
causis constituitur, veluti si injuriarum agatur... ». — Cf. Huschke,
p. 142.

(2) Gaius, *Institut.*, IV, p. 178. « Calumniæ judicio nemo damnatur nisi qui intellegit non recte se agere, sed vexandi adversarii gratia actionem instituit potiusque ex judicis errore vel iniquitate vic-
toriam sperat quam ex causa veritatis..... contrario vero judicio
omni modo damnatur actor, si causam non tenuerit, licet aliqua
opinione inductus crediderit se recte agere ».

(3) Gaius, *Instit.*, IV, § 175. « Et quidem calumniæ judicium adversus omnes actiones locum habet. » *Id.*, § 179 « Utique autem ex
quibus causis contrario judicio agi potest, etiam et calumniæ judicium locum habet ».

(4) Keller, § 58, p. 261.

(5) Gaius, *Instit.*, IV, § 177. « Sed adversus injuriarum quidem actionem decimæ partis datur... ».

(6) Gaius, *Instit.*, IV, § 179. « ... alterutro tantum judicio agere permittitur ».

21. — L'infamie qu'entrainait après elle la condamnation pour injures était une conséquence trop grave
pour que le préteur accordât l'*actio injuriar.* sans restriction. Particulièrement ici c'était le cas d'appliquer
la disposition *De in jus vocando* n° 1 de l'édit :

> « Parentem patronum patronam, liberos parentes
> patroni patronœ in jus sine permissu meo ne
> quis vocet (1) ».

En principe le préteur ne laissait pas intenter notre action par l'affranchi contre son patron, ou l'enfant contre
ses parents. Il ne la refusait cependant que *cognita causa*,
et, il l'autorisait (2), lorsque l'offense présentait les caractères particulièrement graves d'une *injuria atrox*,

---

(1) Cf. Ulpien, 5 *ad Edict.* (L. 4, § 1, Dig. 2, 4). — Lenel, *Ed. ppet.*,
p. 55.

(2) Ulpien, 57 *ad Edict.* (Dig. 1. 7, § 2, 47, 10). « Etenim meminisse
oportebit, liberto adversus patronum non quidem semper, verum
interdum injuriarum dari judicium, si atrox sit injuria, quam passus sit...., nec patietur eum Prætor querentem, quasi injuriam passus sit, nisi atrocitas eum moverit : nec enim ferre Prætor debet heri
servum hodie liberum conquerentem, quod dominus ei convicium
dixerit, vel quod leviter pulsaverit, vel emandaverit. Sed si flagris,
si verberibus, si vulneravit non mediocria : æquissimum erit, Prætorem ei subvenire » (§ 3). « Sed et si quis ex liberis, qui non sunt
in potestate, cum parente velit experiri : non temere injuriarum
actio danda est, nisi atrocitas suaserit. Certe his qui sunt in potestate
prorsus nec competit etiam si atrox fuerit ». — *Id.* 5 *ad Ed.* (Dig.
10, § 12, 2, 4). « Prætor ait : in jus nisi permissu meo ne quis vocet :
permissurus enim est, si famosa actio non sit,..... Et totum hoc,
causa cognita, debet facere. — Nam interdum etiam ex causa famosa,
ut Pedius putat, permittere debet patronum in jus vocari a liberto :
si cum gravissima injuria adfecit flagellis forte cecidit ». — Papi-
nien, 36 *Question.* (Dig. 38, § 9, 48, 5) « Liberto patroni famam laces-
sere non facile conceditur. Sed si jure mariti velit adulterii accu-
sare, permittendum est ; quomodo si atrocem injuriam passus est. »

point qui était déjà fixé à l'époque de Pedius (1), c'est-
à-dire 50 ans environ avant la rédaction de l'Édit perpétuel (2).

En revanche, il semble qu'il ait été controversé de
savoir si l'action devait être donnée au mari d'une affranchie du chef de celle-ci contre son patron. Marcellus
l'admettait, Ulpien, au contraire, et, selon lui, beaucoup
d'autres, considérait la solution comme trop absolue ;
ils regardaient comme de légères corrections les paroles
un peu dures, ou les voies de fait sans gravité, adressées
par l'ancien maître. Et si l'affranchie avait épousé son
co-affranchi, ils refusaient toute action (3).

§ 2. — SPHÈRE D'APPLICATION DE L'*ACTIO INJURIARUM* A L'ÉPOQUE DE L'ÉDIT PERPÉTUEL.

22. — Le droit prétorien ne se borna pas à réformer
la pratique de l'*actio injuriarum*, il ajouta aussi à sa
sphère d'application. Je me reporterai à cet égard aux
dispositions particulières qui, dans l'Édit perpétuel (*De
injuriis*), suivent le *Generale Edictum*.

(1) Cf. le 3e fragm. d'Ulpien cité à la note précédente.
(2) Lenel, *Palingenes.*, II, p. 2, *note 1*.
(3) Ulpien, 57, *ad Edict.* (Dig. 11, § 7, 47, 10). « Quanquam adversus patronum liberto injuriarum actio non detur, verum marito
libertæ nomine cum patrono actio competit : maritus enim uxore
sua injuriam passa, suo nomine injuriarum agere videtur. Quod et
Marcellus admittit. Ego autem apud eum notari, non de omni injuria
hoc esse dicendum me putare : levis enim coercitio etiam in nup-
tam, vel convicii non impudici dictio cur patrono denegetur ? Si
autem conliberto nupta esset, dixeremus omnino injuriarum marito
adversus patronum cessare actionem : et ita multi sentiunt ».

23. — *A*. Tout d'abord, en ce qui concerne les injures par paroles « Injuriæ..... quæ aures violant » (1),
l'ancienne *actio occentus* avait disparu, ayant perdu sa
particularité, la *fustigatio*. Le terme même d'*occentus
occentare* était tombé en désuétude ; il avait fait place à
celui de « *convicium* » (2).

L'Édit perpétuel portait (3) :

> « Qui adversus bonos mores convicium cui fecisse
> cujusve opera factum esse dicetur, quo adversus
> bonos mores convicium fieret : in eum judicium
> dabo. »

Le terme de « *convicium* » ne paraît pas avoir été
applicable à toute espèce d'injures verbales, mais seulement à celles qui se présentaient accompagnées d'un
tapage et d'un charivari (4). Et il est vraisemblable que
lorsque Labeo et plus tard l'Édit perpétuel, Paul ou
Ulpien citent le *convicium*, c'est comme type de l'injure
verbale, sans vouloir par là entendre que lui seul la cons-

(1) Cicéron, *ad Herenn.*, 4, 25.
(2) Cf. Festus, V° *Occentassit*, « Occentassit antiqui dicebant quod
nunc convicium fecerit dicimus ».
(3) Ulpien, 77, *ad Edict.* (Dig. 15, § 2, 47, 10).
(4) Festus, *ibid.* « convicium..... Quod id clare et cum quodam
canore fit, ut procul exaudiri possit, quod turpe habetur, quia non
sine causa fieri putatur ». — Ulpien, 77, *ad Ed.* (Dig. 15, § 4, 47, 10).
« Convicium autem dicitur vel a concitatione, vel a conventu, hoc
est, a collatione vocum : cum enim in unum complures voces con-
feruntur, convicium appellatur, quasi convocium (§ 5). Sed quod
adjicitur à Prætore *Adversus bonos mores*, ostendit, non omnem in
unum collatam vociferationem Prætorem notare : sed eam quæ
bonis moribus improbatur, quæque ad infamiam vel invidiam alicujus spectaret ». — Paul, *Sent.*, V. 4, 21. « Convicium contra bonos

litue (1). Cette injure verbale simple est ordinairement
désignée par l'expression de « *maledictum* » (2)... qui
est rattachée par les sources au « *ne quid infamandi
causa fiat* » (3) que nous verrons plus loin.

Si les préteurs crurent devoir faire du *convicium* l'objet d'une disposition spéciale, il est vraisemblable que
ce fut pour mettre fin à une difficulté et résoudre la
question de savoir si l'*actio injuriarum* ordinaire devait
s'appliquer à cette hypothèse et c'est ce qui explique
pourquoi Labeo prend le soin de dire que le *convicium*
constitue bien une *injuria* (4).

Il importe d'autre part de remarquer que l'Édit ne
borna pas l'action au cas de *convicium* commis par celui-
là même qui avait l'intention injurieuse ; il déclara l'accorder aussi contre l'auteur moral de l'offense (5), contre

mores fieri videtur si obscœno nomine aut inferiore parte corporis
nudatus aliquis insectatus sit ».

(1) Ulpien, 77, *ad Ed.* (Dig. 15, § 11, 47, 10). « Ex his apparet non
omne maledictum convicium esse ». — Paul, *lib. sing. De injur.*
(*Collat.* 11, 5, 4). « Sit autem injuria vel in corpore... vel verbis dum
convicium patimur ». — Cf. Lenel, *Edit. perpet.*, p. 322, § 191.

(2) Paul, *Sent.*, VL., § 19. « Maledictum itemque convicium publice factum... » § 20 ; « Is qui maledictum aut convicium ingesserit ».

(3) Ulpien, 77, *ad Ed.* (Dig. 15, § 12, 47, 10), « Sive unus, sive
plures dixerunt quod in cœtu dictum est, convicium est : quod autem
non in cœtu, nec vociferatione dicitur convicium non proprie dicitur, sed infamandi causa dictum ».

(4) Ulp. 77, *ad Ed.* (15, § 3, Dig. 47, 10), « Convicium injuriam
esse Labeo ait ». — Cf. Huschke, *Gaius*, p. 131, note 39.

(5) Ulpien, 77, *ad Ed.* (Dig. 15, § 8, 47, 10) « Fecisse convicium non
tantum is videtur qui vociferatus est, verum is quoque qui conci-
tavit ad vociferationem alios vel qui summisit ut vociferentur ». —

celui « *cujus opera factum esse dicetur quo adversus bonos mores convicium fieret* » (1), disposition qui ne tarda
pas à être étendue aux autres hypothèses.

La formule concordait d'ailleurs avec la formule donnée précédemment (2).

24. — B. La seconde disposition particulière de
l'Édit se référait à l'atteinte portée à l'honneur et à la
dignité de certaines personnes dignes de respect (3):
« adtemptata pudicitia ». Les préteurs déclaraient donner l'*actio injuriarum* contre ces offenses, nouveau cas
d'application de notre action, rendu nécessaire par la
corruption des mœurs (4).

A la vérité le texte même de l'Édit ne nous est pas
parvenu ; mais il avait fait l'objet des commentaires de
Labeo (5) ; il fut l'objet de ceux de Paul (6), d'Ulpien (7),

---

Paul, *Sent.*, V, 4, § 20 « Non tantum is qui maledictum aut convicium
ingesserit, injuriarum convictus famosus efficitur, sed et is cujus
ope consiliove factum esse dicitur ».

(1) Ulpien, 57, *ad Ed.* (Dig. 11, pr. 47, 10) « Non solum is injuriarum tenetur, qui fecit injuriam hoc est qui percussit ; verum ille
quoque continetur, qui dolo fecit, vel qui curavit, ut cui mala pugno
percuteretur ».

(2) Lenel, *Edict. perpet.*, § 191, p. 322.

(3) D'après Lenel (*Ed. perpet.*, 322, § 192). Les mots « adtemptata
pudicitia » que l'on trouve dans Paul [55 *ad Ed.* (Dig. 10, 47, 10)] et
dans Ulpien 77 *ad Ed.* (Dig. 15, § 20, 47, 10) semblent avoir appar-
tenu plutôt à la rubrique de l'Édit qu'au texte de l'Édit lui-même.

(4) Huschke, p. 131.

(5) Labeo, *Ad Ed. prœt.* (Lenel, *Palingen.*, § 133, I, 518).

(6) Paul, *Ad Edict.*, lib. 55 (Lenel, *Palingen.*, I, 1072, § 683).

(7) Ulpien, *Ad Edict.*, lib. 57 (Lenel, *Palingen.*, II, 772, § 1352).

de Gaius (1), des Institutes de Justinien (2). Ces dernières présentent ainsi l'hypothèse.

> « Injuria... committitur... si cuis matremfamilias
> aut prœtextatum prœtextatamve adsecatus fuerit
> sive cujus pudicitia adtemptata esse dicetur ».

25. — *C.* La troisième disposition prétorienne portait (3) :

> « Ne quid infamandi causa fiat, si qui adversus ea
> fecerit, prout quæque res erit animadvertam ».

A première vue cet édit paraît superflu puisque d'une façon générale les atteintes à l'honneur donnaient lieu à l'*actio injuriarum* commune. Labeo et plus tard Ulpien, qui font eux-mêmes cette remarque (4), expliquent cette particularité en disant que le préteur a voulu cependant faire sur ce point une disposition spéciale, *ea enim, quæ notabiliter fiunt, nisi specialiter notentur, videntur quasi neglecta.* Est-ce là une bien bonne raison ? C'est

---

(1) Gaius, *Inst.*, III, § 220.

(2) *Instit. Justin.*, III, IV, *De inj.*, § 1. — Lenel, *Edict. perpet.*, § 192, p. 322, reconstitue ainsi la disposition de l'Édit sur l'*abductio comitis.* « Si quis matrifamilias aut prœtextato prœtextatæve comitem abduxisse sive quis eum eamve adversus bonos mores appellasse adsectatusve esse dicetur ». — 15, § 2, 1, L. 47, 10. — Vell. Paterc., 2, 28. *Coll.* 2, 5.

(3) Ulp., 57, *ad Ed.* (Dig., 15, § 25, 33, 47, 10). — Cf. Lenel, *Edict. perpet.*, § 193, p. 323.

(4) Ulpien, *loc. cit.*, § 26 « Hoc Edictum supervacuum est, Labeo ait : quippe cum ex generali injuriarum agere possumus : sed videtur et ipsi Labeoni, et ita se habet, prætorem eamdem causam secutum, voluisse etiam specialiter de ea re loqui : ea enim, quæ notabiliter fiunt, etc..... »

douteux. Peut-être le seul but fut-il de définir une fois
pour toutes l'hypothèse à laquelle était attachée notre
action (1). Toujours est-il qu'en fait on rattacha au
« *Ne quid infamandi causa* » certaines hypothèses
d'offenses pour lesquelles on aurait pu élever des difficultés : ainsi le *maledictum* (2), ainsi l'écrit diffama-
toire (3), ainsi les grossièretés injurieuses (4), etc.....
    Conformément au *certum dicat* de l'*Edictum generale*
le demandeur ne doit pas se borner dans la formule à
prétendre qu'il a été insulté (*se infamatum esse*) mais
il doit dire comment il l'a été. Paul en faisant cette remarque y joint un modèle de *demonstratio* dans l'hypothèse prise comme exemple d'un jet d'ordures (5) :
    « Quod N˙ N˙ fimum (6) immisit A° A° infamandi
    causa ».

(1) Ulpien, *loc. cit.* (Dig., *ibid.*, § 27) « Generaliter vetuit prætor,
quid ad infamiam alicujus fieri. Proinde, quodcumque quis fecerit
vel dixerit, ut alium infamet, erit actio injuriarum ».
    (2) Ulpien, *loc. cit.* (Dig., *ibid.*, § 12) « Quod non in cætu, nec voci-
feratione dicitur convicium non proprie dicitur, sed infamandi
causa dictum ».
    (3) Ulpien, *loc. cit.* (Dig., *ibid.*, § 27) « Hæc autem fere sunt quæ
ad infamiam alicujus fiunt. Ut puta..... si carmen conscribat, vel
proponat, vel cantet aliquod quod pudorem alicujus lædat » § 29.
« Si quis libello dati vel principi, vel alicui famam alienam insectatus
fuerit injuriarum erit agendum, Papinianus ait ».
    (4) Ulpien, *ibid.*..... « Ut puta ad invidiam alicujus veste lugubri
utitur, aut squalida: aut si barbam demittat, vel capillos submit-
tat..... »
    (5) Paul, *Lib. sing. Injur.* (Coll. II, § 5). « Item si dicat infamatum
se esse, debet adicere quemadmodum infamatus sit. Sic enim et
formula concepta est quod etc. ».
    (6) Lenel, *Palingen.*, I, 1113; *Edict. perpet.* 323 — « *Sillum* » Arnaud..

26. — *D*. Les préteurs firent une disposition particulière sur les voies de fait commises sur les esclaves et par lesquelles le maître pouvait se dire *injurié*.

> « Qui servum alienum‾adversus bonos mores verberavisse |deve eo jussu domini quæstionem habuisse dicetur, in eum judicium dabo. Item si quid aliud factum esse dicetur, causa cognita judicium dabo (1) ».

C'était là une innovation (2). La loi des XII Tables, en effet, comme on l'a vu précédemment (3), s'occupait bien des voies de fait commises sur les esclaves, mais elle n'apportait un correctif qu'au dommage matériel qui en résultait pour le maître. L'action que ce dernier avait contre l'auteur du méfait était une action *noxia nocita*, analogue à l'action *legis Aquiliæ* introduite plus tard, qui sans aucun doute était applicable à la présente hypothèse, mais qui ne visait que le *damnum* (4).

Blume ; « *Sibilum* » Huschke ; « *Libellum misit* » Krueger ; cette dernière conjecture de Krueger (dans la *Collect. libr. jur. antejust.* 1890) est peu vraisemblable, l'expression de « mittere libellum » n'étant employée nulle part dans les sources, sauf dans le fr. 6, § 9, 28, 9, où il s'agissait d'un envoi. Cf. Dirksen, *Man. latinit.* V° *Libellus*. — Cpr. *Zeitschrift f. geschlitche Rechtswiss.*, XII, p. 33.

(1) Cf. Ulpien, 57 *ad. Ed.* (Dig 15, § 34, 47, 10).

(2) Voigt, *Die* XII *taf.*, § 129, note 18 (II, p. 250) contra Huschke, *Gaius*, p. 133.

(3) *Supra*, p. 14.

(4) Ulpien 57 *ad. Ed.* (Dig 7, § 1, 47, 10) « Quid ergo de lege Aquilia dicimus ?....... ibi principaliter de damno agitur, quod domino datum est, at in actione injuriarum de ipsa cœde... non est damnum sarciatur.» — Labeo *ad. Ed. præt.*, cité par Ulpien *ibid* (Dig., *ibid* § 46) « Si quis servo verberato injuriarum egerit deinde postea damni inju- ·

L'action des XII Tables ne se référait donc pas à l'*injuria* par laquelle le maître pouvait se dire atteint : or, c'est précisément à elle que le préteur apporta un correctif en donnant, dans la présente hypothèse, l'*actio injuriarum*. De là les caractères de gravité que l'Édit (1) et les auteurs (2) exigent de l'offense pour lui faire donner lieu à notre action ; de là aussi cette remarque d'Ulpien que s'il s'agissait d'un *servus communis*, l'action ne saurait exister (3).

Que la voie de fait commise sur l'esclave ne soit susceptible de donner lieu à une action que *domini nomine*, que ce dont le droit s'occupe ce soit la lésion du maître, cela est parfaitement conforme à la notion romaine du

riæ agat : Labeo scribit eamdem rem non esse : quia altera actio ad damnum pertineret culpa datum, altera ad contumeliam » Cf. Paul *de concurr. action* (Dig., 34, pr. 44. 7) Paul, 41 *ad. Ed.* (Dig., 2, §, 5, 37, 6) — Ihering (*Esp. du dr. rom.*, II, 163, note 237) paraît confondre les fonctions des deux actions en soutenant que si c'est l'*actio injuriarum* qui est donnée au maître et non l'*act. leg. aquil.*, c'est en considération de la qualité d'homme de l'esclave.

(0) Gaius, *Instit.*, III, § 222 « Servo autem ipsi quidem nulla injuria intelligitur fieri, sed domino per eum fieri videtur », Ulpien, 59 *ad Ed.* (15, § 35, 47, 10).

(1) Ulpien, 57 *ad Ed.* (Dig. 15, § 40, 47, 10) « *Verberasse* dicitur abusive et qui pugnis cœciderit ».

(2) Gaius, *loc. cit...* « Non tamen iisdem modis quibus etiam per liberos nostros vel uxores injuriam pati videmur, sed ita cum quid atrocius commissum fuerit, quod aperte in contumeliam domini fieri videtur, veluti si quis alienum servum verberaverit ».

(3) Ulpien, 57 *ad Ed.* (Dig. 15, § 36, 47, 10). « Si communem quis servum verberaverit utique hac actione non tenebitur, cum jure domini id fecerit ».

servus, qui, n'ayant pas, en principe, de personnalité (1) ne saurait éprouver une lésion de ce chef. On sait cependant qu'un sentiment, inconséquent peut-être, toutefois plus humain, s'était fait jour de très bonne heure à cet égard. A la vérité, Gaius n'élève même pas la question de savoir si l'*actio injuriarum* peut être intentée *servi nomine*, car, dit-il (2), *Servo autem ipsi nulla quidem injuria intellegitur fieri, sed domino per eum fieri videtur.* Mais, dans certains cas particulièrement graves, alors que, d'autre part il n'y avait aucune offense pour le maître, Ulpien reconnaissait une injure contre l'esclave (3), injure que le maître pouvait poursuivre *servi nomine* avec l'*actio injuriarum* (4) ce qu'apparemment l'esclave lui-même pouvait faire s'il devenait libre (5).

Quant aux questions de savoir comment et dans quels termes est donnée notre action lorsque l'esclave est la co-propriété de plusieurs maîtres (6), ou lorsqu'il est

(1) *Instit.*, I, 16, § 4 *de cap. min.*, « Nullum caput habet ». Cf. fr. 4, Dig. 4, 5 *de capite min.*

(2) Gaius, *loc. cit.*

(3) Ulpien, 57, *ad Ed.* (Dig. 15, § 35, 47, 10) « Si quis sic fecit injuriam servo, ut domino faceret, video dominum injuriarum agere posse suo nomine : si vero non ad sugillationem domini id fecit, ipsi servo facta injuria, inulta a prætore relinqui non debuit : maxime si verberibus, vel questione fieret : hanc enim et servum sentire palam est ». (§ 45). « Interdum injuria servo facta ad dominum redundat interdum non ».

(4) Ulpien, *ibid.* (Dig. *ibid.*, § 48) « Nam ipsius quidem servi nomine domino dabimus injuriarum actionem ».

(5) Puchta, *Institut.*, § 212.

(6) Cf. *Instit.*, IV, 4 *De inj.*, § 4. — Paul, 57 *ad Ed.* (Dig. 17, pr. 47, 10) ; 45 *ad Ed.* (Dig. 16, h. t.). — Ulpien, 57 *ad Ed.* (Dig. 15, § 49, 4, 1).

l'objet d'un usufruit (1), je me borne à renvoyer aux sources, car ce sont des questions de détail, sans grand intérêt pour le développement historique.

En ce qui concerne la formule de l'action donnée au cas d'injure commise sur les esclaves, il suffira de remarquer que si le maître agit *suo nomine*, la *demonstratio* devra porter « Aⁱ Aⁱ infamandi causa » (2).

On remarquera enfin la latitude que les préteurs s'étaient réservée pour pouvoir, *causa cognita*, autoriser l'action dans le cas où l'offense n'apparaîtrait pas au premier abord comme susceptible d'y donner lieu (3).

27. — *E*. Le préteur déclara de plus que l'*actio injuriarum* pouvait être exercée comme *noxalis actio* (4) au sujet d'offenses commises par des esclaves :

> « Cum servus injuriam facit..... sicuti ex ceteris delictis ita et ex hoc injuriarum noxalis actio datur. Sed in arbitrio domini est, an velit eum verberandum exhibere ut ita satisfiat ei qui injuriam passus est :... aut noxæ dedendum vel litis æstimationem sufferandam » (5).

Le propriétaire de l'esclave coupable pouvait soit le présenter au magistrat qui le faisait battre de verges

---

(1) Cf. *Inst.*, IV, *de inj.*, § 5. — Ulpien, 57, *ad Ed.* (Dig. 15, 37, 47, 10). — Paul, 57 *ad Ed* (Dig. 17, § 9, h. t.).

(2) Lenel, *Edict. perpet.*, § 194, 3=3.

(3) Cf. Ulpien, 57 *ad Edict.* (Dig. 15, §§ 43, 44, 47, 10).

(4) Gaius, *Instit.*, IV, 75. « Constitutæ sunt autem noxales actiones aut edicto prætoris ;...... edicto prætoris, velut injuriarum... ». — *Instit.*, IV, 8, 4.

(5) Ulpien, 57, *ad Ed.* (D. 17, § 4, 47, 10).

dans la mesure qu'il jugeait convenable (1), soit, une
fois condamné, choisir entre la *noxæ deditio* ou la pres-
tation de la *litis æstimatio*. On se trouve donc ici en
présence d'une sorte d'action arbitraire qui faisait dépendre la condamnation d'un :

> « Nisi Nˢ N˚ servum arbitratu tuo verberandum
> exhibebit (2) ».

D'après Rudorff (3), l'*arbitratu tuo verberandum exhi-
bere* aurait constitué à côté de la *litis æstimatio* et de la
noxæ deditio, une troisième alternative de la *condemnatio*. Ainsi que le fait remarquer Lenel (4), c'est assez peu
vraisemblable. Comment admettre que l'esclave soit
fustigé *arbitratu judicis*, une fois que le *judicium* est
terminé par un jugement rendu (5) ?

Il faut remarquer enfin qu'une exception devra alors
précéder la *condemnatio*, car il se peut que l'esclave
n'ait agi que pour défendre son maître : de sorte que la
formule devra porter :

> « Si non defendendi domini gratia fecit (6).

---

(1) Ulpien, 57, *ad Ed.* (Dig. 17, § 5, 47, 10) « Ait prætor : arbitratu
judicis, utique quasi viri boni, ut ille modum verberum interponat ».

(2) Lenel, *Edict. perpet.*, § 195, p. 324.

(3) Rudorff, *Edict. perpet.*, § 193.

(4) Lenel, *loc. cit.*

(5) Cf. En outre Ulpien, 57, *ad Ed.* (Dig. *ibid.*, § 6) « Si ante judicem
dominus verberandum servum exhibuerit, ut satis verberibus ei fieret
et erit factum arbitratu alicujus, postea actor agere injuriarum per-
severat : non est audiendus. Qui enim accepit satisfactionem, injuriam suam remisit ».

(6) Ulpien, 57 *ad Ed.* (Dig. 17, § 8, 47, 10). « Plane si defendendi

28. — *F.* Ce qui avait été admis dans les Édits prétoriens touchant les injures reçues par les esclaves, ou mieux par les maîtres par la voie de leurs esclaves, l'avait été également pour les injures reçues par les fils, filles de famille ou épouses. Le père pouvait légitimement se voir insulté dans la personne de ceux qui sont sous sa puissance, et intenter de ce chef, *suo nomine*, l'*actio injuriarum* (1). Voigt regarde cette extension de l'*act. injur.* comme au moins contemporaine de la législation des XII Tables (2). On ne voit guère ce qui peut autoriser cette conjecture. A la vérité les sources nous présentent la solution comme un des points les mieux établis de la théorie de l'*injuria* ; mais on remarquera que tous les textes (3), qui nous l'ont transmise, émanent tous de jurisconsultes postérieurs à Labeo, lequel ne dit rien à cet égard, et que le premier qui en fasse mention est Neratius, antérieur de peu à l'Édit perpétuel.

domini gratia aliquid fecerit, rationem ei constare apparet : inque eam rem adversus agentem exceptio objicienda erit ».

(1) Gaius, *Instit.*, III, § 221. « Pati autem injuriam videmur non solum per nosmet ipsos sed etiam per liberos quos in potestate habemus; item per uxores nostras, quamvis in manu nostra, non solum nomine tecum agi injuriarum potest, verum etiam meo quoque et Titii nomine.

(2) Voigt, *Die XII Taf.*, II, p. 529 (§ 129).

(3) Neratius, 5 *Membran.* (Dig. 41, 47, 10), et dans Ulpien, 56 *ad Ed.* (Dig. 1, § 9, *h. t.*) — Gaius, *loc. cit.* et 1, *ad Ed. prov.* (Dig., 30, pr. 2, 14). — Ulpien, 56 *ad Ed.* (Dig., 1, §§ 3, 5, 47, 10); 42 *ad Sabin.* (Dig. 30, § 1, *h. t.*). — Paul, 19 *ad Ed.* (Dig. 26, *ibid.*, Dig. 18, § 2, *ibid.*) ; *Sent.*, V, § 3.

Le père de famille qui se prétendait outragé personnellement par l'injure faite aux personnes placées sous sa puissance, intentait alors l'action d'injures *suo nomine* ; il se pouvait qu'il l'exerçât *filii* (*filiæ, uxoris*) *nomine*. Cela ne se référait plus alors à une injure ressentie par lui-même, mais seulement au principe d'après lequel lés personnes *in potestate* ne pouvaient ester en justice. On sait que ce n'était là qu'une conséquence de ce que ces personnes ne pouvaient avoir de patrimoine propre. Or certaines actions comme les actions *populares* (1) et, particulièrement ici, l'*actio injuriarum*, ne reposant sur aucun intérêt pécuniaire (2), il était naturel d'y faire exeeption (3) et c'est à quoi se rapporte la dernière disposition de l'édit *de injuriis*.

« Si ei qui in alterius potestate erit, injuria facta esse dicetur et neque is cujus in potestate est, præsens erit neque procurator quisquam existat, qui eo nomine agat : causa cognita ipsi, qui injuriam accepisse dicetur, judicium dabo (4) ».

Le préteur supposant un *filiusfamilias* injurié et l'absence du père de famille ou d'un *procurator*, déclare donner *causa cognita*, l'*actio injuriarum* à la victime.

Cette partie de l'Édit est, très vraisemblablement, la

---

(1) Paul, 41 *ad Edict.* (Dig. 7, § 1, 47, 22). « Item qui habet has actiones non intelligitur esse locupletior ».

(2) Ulpien, 34 *ad Sab.* (Dig. 28, 47, 10). « Injuriarum actio in bonis nostris non computatur antequam litem contestemur ».

(3) Cf. Puchta, *Instit.*, § 219, II, 114 et s.

(4) Ulpien, 57 *ad Ed.* (Dig. 17, § 10, 47, 10).

plus récente (1) et paraît dater du commencement de
l'époque impériale. Ulpien qui, dans son commentaire
sur l'Édit *de injuriis* (lib. 57, *ad Ed.*) s'appuie presque
toujours sur le commentaire de Labeo, ne cite point ici
cet auteur et aucun fragment parmi ceux qui nous restent de ce dernier (2), ne fait allusion à cette partie de
l'Édit. On remarquera d'ailleurs que c'est précisément
vers cette époque que le droit romain commença à
atténuer les effets de la *patria potestas* ; l'admission des
pécules (3) en est un exemple. Il est même vraisemblable
que l'innovation fut due à l'influence sabinienne, car
Ulpien cite, comme émanant de Sabinus, une solution
analogue pour l'interdit *quod vi aut clam* (4), solution
que semblait au contraire avoir repoussée Labeo (5).
Julien et Marcellus l'étendirent aux actions *depositi* et
commodati, toujours dans le cas où le père de famille,
ou son représentant, n'exerçait pas l'action.

(1) Cf. Huschke, *Gaius*, p. 133.
(2) Lenel, *Palingenes.*, I, 518 et s.
(3) *Instit. Justin.*, 11, 9, § 1 ; et 12 pr.
(4) Ulpien, 57 *ad Ed.* (Dig. 19, 43, 24) « Interdictum quod vi aut
clam, competere filiofamilias colono arboribus succensis, Sabinus
ait ».
(5) Ulpien, 71 *ad Ed.* (Dig. 13, §§ 1, 2, 43, 24) « Labeo scribit, si
filio prohibente opus factum sit et te habere interdictum, ac si te
prohibente opus factum est, et filium tuum nihilominus [§ 2]. Idem
adversus filium familias in re peculiari neminem clam videri fecisse :
namque si scit eum filiumfamilias esse, non videtur ejus celandi
gratia fecisse, quem certus est nullam secum actionem habere ».
(6) Paul, *ad Sab.* (Dig. 9, 44, 7) « Filiusfamilias suo nomine nullam actionem habet nisi injuriarum et quod vi aut clam et depositi

Dans les cas où une action pouvait appartenir aux fils de famille, une grosse difficulté s'y était opposée dans l'ancienne procédure, lorsque la formule était *in jus concepta* ; car l'*intentio* devait porter un droit de créance pour le demandeur, et cela était impossible à un fils de famille. Le préteur obvia à cette difficulté en délivrant des formules conçues *in factum*, dans lesquelles par conséquent, il n'y avait pas d'*intentio*. C'est ainsi que d'abord les actions citées ci-dessus et, plus tard, au moyen d'actions utiles, toutes les actions susceptibles d'une formule *in factum* (1), purent être intentées par les fils de famille. La même difficulté ne se présentait pas pour l'*actio injuriarum* qui, bien que née du droit civil, comportait une formule *in æquum et bonum concepta*.

Rudorff (2) reconstitue la formule dans notre hypothèse de la façon suivante :

Quod A^s A^s cum in potestate L. Titii esset nec procurator quisquam existeret qui eo nomine ageret, in hoc anno, cum primum experiendi potestas fuit, dolo malo N^i N^i

---

et commodati, ut Julianus putat ». — Ulpien, 17, *ad Ed.* (Dig. 19, 16, 3) « Julianus et Marcellus putant, filiumfamilias depositi recte agere posse ». — Gaius 1, *ad Ed. prov.* (Dig. 30, 2, 14) «... Aliquando filiusfamilias habet actionem, veluti injuriarum ». — Cf. Ihering, p. 54 et s.

(1) Ulpien, *Disput.* (Dig. 13, 44, 7) « In factum actiones etiam filiifamiliarum possunt exercere ». — Cpr. Ulpien, 57, *ad Ed.* (Dig. 12, 2, 4) «... probandum est, absente patre, subveniendum esse filio, qui in potestate est, et ei pœnalem in factum actionem... competere ».

(2) Rudorff, *De jurisdict. edict.*, § 194.

pugno malam percussam est (1) *quantam pecuniam ob eam rem bonum æquum esset, dumtaxat H S..... etc.....*

Lenel (2) fait observer avec raison que cette restitution est défectueuse. D'abord le *cum in potestate... ageret* n'a pas à paraître dans la formule ; c'est un point qui intéresse seulement le magistrat avant de délivrer la formule. En second lieu, la fiction *si in nullius potestate esset* est non seulement superflue dans une action *in bonum et æquum concepta*, mais est même ici, sujette à critique, puisque le juge peut se trouver précisément avoir à tenir compte de la qualité de *filiusfamilias,* si par exemple ce *filiusfamilias* a été traité de *bâtard.* Aussi est-il plus vraisemblable de croire que le magistrat, après avoir examiné la question préalable, délivrait simplement la formule ordinaire.

29. — L'*actio injuriarum* ne fut pas seulement profondément modifiée par les édits des préteurs, elle le fut encore sous l'influence de la *lex Cornelia* (3).

On sait que cette loi portée par L. Cornelius Sulla (4), dictateur vers le VII° siècle de Rome (5), eut pour but,

---

(1) Il est aisé de voir qu'au point de vue grammatical la phrase est vicieuse.

(2) Lenel, *Ed. perpet.,* § 196, p. 324, 325.

(3) Sur la *lex Cornelia* cf. Idzert Eckma, *Dissertatio de injuriis, præcipue de illarum pœnis* (1809). C. III, p. 73, 103. — Platner, *De jure crim. rom.,* p. 459 et 1 ; Geib, *Lehrb. d. deutsch Strafr.* I, p. 55. — Huschke, *Gaius,* p. 143 et s.

(4) Venulejus Saturninus, 2 *de Judic. public* (Dig. 12, § 4, 48, 2).

(5) A. 673, U. R.

dans le principe, d'instituer une action criminelle contre
les coups, blessures et violation de domicile (1), ce qui
fut étendu plus tard à toutes les voies de fait en général.
Ces dernières en effet, sauf celles dirigées contre le *tribunus plebis* n'étaient pas jusque-là l'objet d'une répression pénale, au sens français du mot. Les unes donnaient
lieu à l'action *noxia nocita* et depuis à l'action *legis
Aquiliæ* (2), les moins graves à l'*actio injuriar*; il n'y
avait pas à leur égard d'action criminelle. La *lex 'Cornelia de injuriis* eut pour objet de combler cette lacune.

Je n'entrerai pas dans l'examen approfondi de cette
action criminelle puisque je désire borner cette étude à
l'*actio injuriarum* du droit privé. Je me bornerai à
signaler comment on alla jusqu'à permettre de l'intenter civilement; on verra d'ailleurs qu'elle ne fut pas sans
influence sur l'*actio injuriarum æstimatoria*.

La majorité des auteurs regarde la *lex Cornelia* comme
ayant donné lieu dès l'origine, et à une action criminelle, et à une action privée. Il semble que sur ce point
on n'ait pas tenu compte de l'époque à laquelle écri-
vaient les jurisconsultes qui nous font connaître la loi en
question. Il est vraisemblable en effet, contrairement à
l'opinion commune, que ce ne fut qu'à l'époque d'Ulpien,

(1) Ulpien 56, *ad Ed.* (Dig. 5, pr. 47, 10) « Lex Cornelia de injuriis
competit ei qui injuriarum agere volet ob eam rem, quod se pulsatum,
verberatumve domumve suam vi introitam esse dicat ». — *Inst.*,
§ 8, 4, 4. Elle fut étendue aux voies de fait (5 pr. *eod.*) en général.

(2) A. 467, U. R. (Bruns).

c'est-à-dire sous Alexandre Sévère, que la jurisprudence impériale permit d'agir civilement *ex lege Cornelia*. Ulpien et Marcien paraissent en parler comme d'une chose nouvelle.

> « Posse *hodie*, dit l'un (1), de omni injuria sed et de atroci civiliter agi Imperator noster rescripsit ».

Et l'autre (2) :

> « Constitutionibus principalibus... etiam ex Lege Cornelia injuriam actio civiliter moveri potest ».

D'autre part l'opinion de Sabinus (3), au sujet du serment décisoire, *Etiam prætores exemplum legis secuturos*, permet de croire que, de son temps, les préteurs n'appliquaient encore en droit privé que l'*act. æstimatoria* de l'Édit.

Toujours est-il qu'en fait, cette action, qui reposait en somme sur un intérêt public, devint par la suite susceptible d'être exercée civilement. Cela peut expliquer les particularités qui la distinguent, et que nous signalent les jurisconsultes.

C'est ainsi notamment que l'action apparaît comme indépendante des rapports de famille et à première vue comme indépendante de la sphère du droit privé, puisqu'au cas d'injure commise contre un *filiusfamilias*,

---

(1) Ulpien, 57, *ad Edict.* (Dig. 7, § 6, 47, 10).

(2) Marcien, 14, *Institut.* (Dig. 37, 47, 10).

(3) Ex Ulpien, 56, *ad Ed.* (Dig. 5, § 8, 47, 10). « Sabinus in adsessorio, etiam Prætores exemplum legis secuturos ait ».

l'action *leg. Corn.* appartenait à ce dernier seul et non à son père ; le consentement de celui-ci n'était même pas nécessaire (1).

C'est ainsi également qu'on s'explique pourquoi Gaius, dans ses *Institutes*, ne mentionne pas la *lex Cornelia* : d'une part en effet, vivant sous Marc-Aurèle, il n'a pu connaître l'application de l'*act. leg. Cornel.*, en droit privé ; et d'autre part, on sait que dans ses *Institutes* il n'a pas traité des *publica judicia*.

Enfin, lorsque Ulpien parle d'une *persona accusata* (2) dans l'action en question, lorsqu'il rappelle les dispositions de la loi relatives à la personne du juge (3) ou à la délation du serment (4), lorsque Marcien écrit (5) que l'estimation est faite par le juge seul, il faut voir là autant de traces du droit criminel, auquel seul l'action

---

(1) Ulpien, 56, *ad Edict.* (Dig. 5, §§ 6, 7, 47, 10) « Illud quæritur an pater filiofamilias injuriam passo ex lege Cornelia injuriarum agere possit ? Et placuit non posse : deque ea re inter omnes constat. Sed patri quidem prætoria injuriarum actio competit, filio vero legis Corneliæ (§ 7). In lege Cornelia filiusfamilias agere potest ex omni causa, nec cavere debet, ratam rem patrem habiturum. »

(2) Ulpien, *loc. cit.* (§ 11).

(3) Ulpien, *loc. cit.* (p. 2) « Qua lege cavetur ut *non judicet qui ei, qui agit, gener, socer, vitricus, privignus, sobrinusve est, propiusve eorum quemquam ea cognatione affinitateve attinget : quive eorum ejus parentisve cujus eorum patronus erit.* »

(4) Ulpien, *loc. cit.* (§ 8) « Hac lege permittitur actori jusjurandum deferre, ut reus juret, *injuriam se non fecisse.*

(5) Marcien, 14 *Inst.* (Dig. 37, 47, 10) « Condemnatione æstimatione judicis facienda ».

appartenait autrefois. D'ailleurs, en ce qui concerne le serment décisoire *injuriam se non fecisse,* on vient de voir (1) par Sabinus, que dès l'époque de Tibère, la jurisprudence des préteurs l'admettait pour l'*actio injuriarum* de l'Édit.

(1) Cf. *suprà note* 1 à la page précédente.

CHAPITRE III

DE L'EXTENSION APPORTÉE A LA SPHÈRE D'APPLICATION
DE *L'ACT. INJUR.*

30. — Nous avons vu dans le chapitre précédent les modifications que les préteurs apportèrent à l'ancienne *actio injuriarum* des XII Tables et comment ils perfectionnèrent cette partie du droit.

La disposition des XII Tables sur les injures offrait déjà une disposition générale (*si injuriam faxit*) permettant d'embrasser la diversité des hypothèses pouvant se présenter. Mais elle était encore bien imparfaite, puisque la solution qu'elle y donnait, était unique, absolue, sans aucune souplesse : la peine uniforme des XXV as. Ce furent les préteurs qui créèrent la règle de droit pratique, en ajoutant à la généralité de l'hypothèse l'individualisation de la solution : à la peine absolue des XXV as, ils substituèrent une estimation purement relative, variable selon les circonstances, soumise à l'appréciation du juge, et qui permettait d'approprier équitablement la condamnation aux faits (1).

La jurisprudence des derniers siècles profita de ces améliorations successives pour donner à notre action

(1) Cf. Ihering, *Esp. du Dr. rom.*, II, pp. 92, 118.

une extension que le progrès des mœurs rendait nécessaire.

31. — Dans l'ancien droit, nous avons vu que cette action s'appliquait aux atteintes portées à la personnalité morale des individus et manifestées par des faits extérieurement et immédiatement blessants pour la dignité d'un citoyen. Dans le dernier état du droit, on étendit l'applicabilité de l'action en dehors de cette limite restreinte à de nombreuses hypothèses où, (les textes mêmes en font mention), les jurisconsultes de la fin de la République et du commencement de l'Empire l'avaient refusée (1).

C'est alors que s'est posée pour les commentateurs la question de savoir si la notion de l'*injuria* s'était modifiée ; quel caractère devait présenter une lésion juridique pour donner lieu à l'*act. injur.* ; à quel critérium enfin il fallait se reporter, pour déclarer, dans telle hypothèse, que notre action est applicable, et que, dans telle autre, elle ne l'est pas.

32. — Les auteurs français sont muets sur la question : la doctrine allemande, bien plus intéressée jusqu'à présent à l'étude du droit romain, a cherché à éclaircir le problème (2).

Les premiers qui paraissent avoir essayé de déterminer la vraie notion romaine de l'*injuria* furent Kleins-

(1) Cf. notamment Javolenus, 9, *Ex poster. Labeon.* (Dig. 44, 47, 10) ; et Ulpien, 30 *ad Edict.* (Dig., 1, § 38, 16, 3).

(2) Voir l'historique de la question en Allemagne, dans Ihering, p. 9 et s. ; et dans Landsberg, p. 4 et s.

chrod (1) (1799) puis et surtout environ vingt ans plus
tard Walter (1820) dans une dissertation restée célèbre
sur la question (2).

33. — Walter reconnaît deux sortes d'*injuria*, deux
sortes d'*act. injur*. La première est l'*act. injur*. du droit
ancien : elle se réfère à la lésion de l'honneur. La seconde
est l'*act. injur*. du droit nouveau : elle se réfère à la lésion de la capacité juridique, de l'*existimatio* ; elle protège les rapports de la personne avec les choses. Dans
ce dernier sens, il définit l'*injuria* toute atteinte portée
à l'*existimatio* ; l'*existimatio* étant, d'après lui, au sens
juridique du mot (3), la capacité juridique civile que
l'État reconnaît aux individus (4). « Quand quelqu'un
lèse le droit d'un autre, il porte atteinte à sa capacité
juridique, puisqu'il refuse de lui reconnaître tous les
droits que l'État lui garantissait » ; d'où cette conclusion, que toute violation du droit contient une atteinte
portée à l'*existimatio*, une *injuria* (5).

La conséquence de cette manière de voir serait comme
il est facile de le constater, que toute lésion juridique

(1) Kleinschrod, *Arch. d. Criminalrechts*, I (1799), p. 7 et s.
(2) Walter, *Uber Ehre und Injurien n. ræm. R. (Neues Arch. d. Criminalr.*, IV, (1820), p. 108 et s., p. 241 et s.).
(3) Walter, p. 243.
(4) Walter, *loc. cit.*
(5) Walter, p. 248, 256. « Unter der persœnlichen Verletzungen
læsst sich also die Grenze für Injürienklage nicht anders bestimmen,
als dass man untersucht ob nicht die verletzende Handlung schon
unter einem andern gesetzlich ausgezeichneten Vergehen steht. Je
vollstændiger die Gesetzgebung in letzerer Beziehung ist, desto ge-
ringer ist der Umfang der *Actio injuriarum*.

donnerait lieu à l'*act. injuriarum*. Aussi Walter désirant apporter une limite à la sphère d'application qu'il avait ouverte à l'action, pense que, certaines atteintes au droit ayant été munies d'actions en prenant pour base la lésion qui y apparaît comme principale et dominante, l'*act. injur.* n'est applicable que là où il n'y a pas une autre infraction expressément prévue par la loi : le nom et la peine de l'infraction la plus légère étant absorbée par l'infraction la plus grave. D'autre part, il ajoute cependant que pour faire l'objet d'une *injuria* la lésion devait être dirigée contre la personne.

34. — Sans parler de la confusion à laquelle peut prêter la définition de l'*existimatio* donnée par Walter (1), il est aisé de voir, comme l'a fait remarquer avec raison plus tard Ihering, que la double restriction qui y est apportée aboutit à une contradiction. L'auteur en effet déclare d'abord que toute violation du droit constitue une *injuria* et que l'*act. injur.* n'est arrêtée que par la présence d'une autre action. Puis il vient dire ensuite que ce qui limite l'action, c'est le caractère propre de la lésion. « On commence par déclarer que celui qui lèse un droit quelconque appartenant à autrui, s'attaque par cela même à une partie de la capacité juridique de la personne lésée. C'est assez dire que la différence du droit lésé est en principe sans influence. Et ici nous apprenons que cette différence a néanmoins une telle influence qu'elle peut faire un obstacle absolu à l'application de

(1) Cf. à cet égard Ihering, p. 11. — Landsberg, 13.

l'action d'injure. Ces deux assertions s'excluent, si l'une
est exacte, l'autre ne l'est point » (1). Enfin on remarquera que son assertion : « le nom et la peine de la lésion la plus légère sont absorbés par la lésion la plus
grave » est insoutenable, car : 1° rien ne démontre que
l'injure soit moins grave que toute autre infraction et
2° rien dans les sources ne vient corroborer son opinion.

35. — La majorité des auteurs qui suivirent admi-
rent bien la lésion de la personnalité juridique comme
base générale de la notion de l'*injuria* (2) ; ils n'accep-
tèrent pas cependant la division que Walter avait proposée (3), entre la lésion de l'honneur et la lésion de la
capacité juridique, quoique le plus souvent ils ne cher-
chèrent pas à la réfuter (4). Ils se bornèrent à regarder
la lésion de l'honneur non pas comme une lésion juridi-

(1) Ihering, p. 14.
(2) Huschke, *Gaius*, p. 159. — Savigny, *Obligat.* (trad. fr.), § 841,
p. 495. — Unterholzner, *Die Lehre von den Schuldverhælt.*, p. 759 et s.
— Osenbrüggen, *Abhand. an d. deutsch. Strafr.*, p. 145. — Berner,
Lehrbruch d. Strafr., p. 436. — Rudorff, *Ræm. Rechtsgesch.*, II, p. 354,
355. — Hælschner, *Syst. d. Preuss. Strafr.*, II (III, Preuss. Strafr.),
p. 198. — Puchta, *Instit.* (8e éd.), II, 370. — Esmarch, *Ræm. Rechtsgesch.* (2e éd.), p. 37. — Arndts, *Pandekt.* (9e éd.), p. 569. — Windscheid, *Pandekt.* (6e éd.), § 472, II, p. 819. — Pernice, *Labeo*, II,
p. 6 et s. — Hugo Meyer, *Lehrb. d. Strafr.*, p. 411. — Schütze,
Lehrb. d. Strafr., p. 351. — Stælschner, *Das gemeine deutsch. Strafr.*,
II, Abth 1, p. 216. — V. Liszt, *Lehrb. d. Deutsch. Strafr.* (2e éd.),
p. 408. — Wæchter, *Lehrb. d. ræm. deutsch. Strafr.*, II, 89, n. 85.
(3) Cf. Cependant Grolmann, *Lehrb.* (4e éd.), p. 220. — Rosshirt,
Lehrb., p. 437 et s. — Steffter, *Lehrb.*, § 299 et 300. — Rein, *Crimi-
nalrecht d. Ræmer*, p. 362 et s.
(4) Sauf cependant Kœstlin; *Zeitschr. f. deutsch. Recht.*, XV, p. 144-
156 et *Abhandl. d. Strafr.*, p. 7 et s.

que particulière, mais seulement comme un des aspects de l'atteinte portée à la personnalité (1).

Quant à la question de savoir comment, la définition étant admise, il fallait en restreindre la portée, on adopta communément que l'*actio injur.* n'était applicable que là où aucune autre action ne l'était (2) ; c'était suivre Walter dans une voie erronée. comme on vient de le voir.

36. — Ce sont précisément les lacunes que laissaient l'opinion commune et les obstacles auxquels elles se heurtait qui ont conduit v. Ihering (3) à reprendre la théorie de la double fonction de l'*actio injuriarum* en modifiant d'ailleurs complètement le reste du système de Walter.

A l'exemple de ce dernier, Ihering (4) distingue deux notions séparées de l'*injuria*. deux fonctions distinctes de l'*act. injur.* Avant lui Sintenis (5) avait déjà reconnu une lésion immédiate et une lésion médiate de la personnalité juridique. Ihering va plus loin : il distingue la lésion de la personne dans ce qu'elle est et la lésion de

(1) Cf. Burchardi, *Grundzüge des Rechtsystems d. Rœmer* (1882), p. 275 et s. — Mittermaier, *Neues Arch. d. Criminalrechts*, XIII, p. 503 et s. et sur Feuerbach, *Lehrb.*, § 270. — Marezoll, *Das gem. deutsch. Crim. Recht*, p. 348, 1 et 349, note 1. — Savigny, *loc. cit.*

(2) V. Landsberg, p. 12.

(3) Ihering, *Rechtsschutz gegen injuriœse Rechtsverletzungen* dans les *Jahrbücher für Dogmatik*, XXIII (1885), pp. 155-338 [trad. en franç. et annoté par de Meulenaere sous le titre de : *Actio injuriarum. Des lésions injurieuses en Droit romain et en Droit français*. Paris, 1888]. Les pages indiquées se réfèrent à la traduction française.

(4) Ihering, p. 9, 24.

(5) Sintenis, *Das praktische gemeine Civilrecht*, II, § 124.

la personne dans ce qu'elle a. La première constitue ce qu'il appelle l'injure abstraite, la seconde l'injure concrète (1) ; à la première il accorde une *actio injuriarum* idéale, à la seconde, une *actio injuriarum* réelle (2). L'une est la notion originaire du droit ancien, l'autre la notion du droit romain nouveau. Le but de l'action primitive était idéal, c'était la satisfaction d'une lésion morale, le but de l'action nouvelle était l'obtention d'un résultat réel, la garantie contre des lésions juridiques jusque-là sans protection ; la conception de la protection juridique sous forme d'*actio injuriarum* n'a été « que la forme historique sous laquelle une idée qui portait sa justification en elle-même a fait sa première apparition dans la vie ».

D'autre part comme l'*actio injur.* concrète se heurte à toutes les autres actions protectrices des rapports concrets de la personne sur la chose, Ihering a cherché une limite à la sphère d'application de l'action, non pas, comme on l'avait fait jusqu'à lui, dans la coexistence simultanée d'une autre action, mais dans la nature intrinsèque de la lésion (3), dans l'*animus injuriandi* qu'il détermine avec sa sagacité habituelle et sur laquelle je reviendrai plus loin.

37. — Quelqu'ingénieuse et séduisante que soit la distinction proposée, elle n'en apparaît pas moins comme

(1) Ihering, p. 9.
(2) Ihering, p. 5.
(3) Ihering, p. 25.

factice. Tout d'abord, et l'auteur le reconnaît lui-
même (1), elle ne trouve aucun appui dans les sources.
A la vérité les jurisconsultes n'avaient pas à parler d'une
act. injur. utilis puisque les termes de l'Édit (ceux
mêmes de la loi des XII Tables) présentaient une généralité permettant toute extension. On remarquera cependant que, non seulement les sources ne parlent nulle
part d'une fonction concrète de notre action, mais qu'au
contraire, celle-ci est toujours présentée comme ayant
un but idéal, la satisfaction d'une lésion morale (2).

De plus on a, et avec beaucoup de raison, fait remarquer (3) qu'historiquement la distinction n'est pas fondée
davantage. Sans doute il est vrai, comme on va le voir,
que l'extension donnée à l'*actio injuriarum* a sa source
dans le progrès et le raffinement du sentiment juridique
des Romains. Mais, précisément à cause de cela, il ne
paraît pas conforme au développement historique de di-
viser la notion de l'injure en deux facteurs distincts :
l'un représentant la fonction étroite ancienne de l'*act.
injur.*, l'autre sa fonction nouvelle. Dans tout développement historique et surtout en droit romain comme
dans le droit anglais moderne, il est au contraire caractéristique que les innovations sont inséparablement
liées à la notion primitive, « Comme les branches d'un
arbre le sont au tronc et à la racine ». « Man Kann nicht

(1) Cf. Ihering, p. 10.
(2) Ulpien, 56 *ad Ed.* (Dig., 1, pr., 47, 10). « Injuria dicitur contumelia ». — Paul, *de injur.* (Coll. II, 5, 1 et 2).
(3) Landsberg, *Injuria und Beleidigung*, p. 19.

nachdem die Rœmer nun einmal einzelne **Angriffe auf**
ihre aüssere Peripherie auch als *injuriæ* empfinden, die-
sen *injuriæ* eine andere Qualitat beilegen als denjenigen,
welche schon früher von den Rœmern als *injuriæ* emp-
funden wurden (1) ».

Enfin il est surprenant que l'*animus injuriandi* qui
est, comme le démontre Ihering (2), la caractéristique
de la lésion injurieuse, ne conduise précisément pas à
la fonction de l'action. Il n'est pas rationnel que d'une
part la mésestime du droit soit l'élément essentiel de
l'*actio injuriarum*, et que d'autre part l'action ait pour
but de protéger non pas contre cette atteinte toute morale, mais contre une lésion des intérêts matériels.

38. — La distinction proposée paraît donc devoir
être écartée. Quelle qu'ait été l'extension apportée par
la jurisprudence à la sphère d'application de l'*act. injur.*,
la notion de l'*injuria*, c'est-à-dire l'atteinte portée à la
personnalité morale, n'a pas été modifiée. Elle est restée la cause juridique de l'action et de la condamnation.

Primitivement on ne vit d'injure que dans des faits
qui extérieurement se présentaient comme des atteintes
portées à la personnalité morale des individus : gestes
grossiers, propos infamants, etc. Lorsque le sentiment
du droit s'affina davantage, on en vint à percevoir des
atteintes à la personnalité morale dans des actes qui,

(1) Landsberg, *loc. cit.*
(2) Ihering, p. 30.

extérieurement, pouvaient paraître licites (1) ou sans conséquences (2), ou qui paraissaient ne léser que des intérêts matériels (3). On comprit que les intérêts moraux pouvaient être lésés par voie d'atteintes portées aux intérêts patrimoniaux. A côté de la lésion immédiate de la personnalité, de l'ancien droit, on reconnut la possibilité d'une lésion médiate. On se trouva conduit à appliquer l'*act. injur.* à des hypothèses de lésions patrimoniales, lorsque celles-ci étaient commises dans un esprit de *contumelia*. Mais la base de l'action resta la même, à savoir une lésion de la personnalité morale, et le but continua d'être la protection contre cette lésion.

C'est pour savoir quand, dans ces hypothèses, d'apparence concrète, il y a lieu d'accorder l'*act. injur.*, qu'on doit, comme le démontre Ihering (4), s'attacher à la nature intrinsèque de l'acte qui est précisément l'esprit de *contumelia*. Tant que le droit n'avait connu que des

---

(1) Ainsi dans la L. 44, Dig. 47, 10 (Javolenus, 9 *Poster Labeon*), Labéon part de cette idée que la fumée venant des fonds voisins doit être supportée, il ne va pas jusqu'à s'inquiéter pour quelle raison le voisin produit de la fumée : le propriétaire agit sur son fonds, donc dans les limites de son droit, selon lui cela lui suffit. Cf. Pernice, *Labeo*, II, p. 9.

(2) Par exemple, une *in jus vocatio* frivole (Ulpien, 57 *ad Ed.*, Dig. 13, §§ 47, 10) où le fait de faire valoir une créance que l'on sait n'être pas fondée (Ulp., *ibid.*, Dig., 15, § 33, 47, 10) ou de sommer la caution de payer alors que le débiteur est prêt à le faire lui-même (Gaius, 22 *ad Ed. prov.*, Dig., 19, 47, 10). — Cf. Ihering, p. 3.

(3) Cf. par exemple Julien, 15 *Digest.* (Dig., 25, 19, 1). — Ulpien, 30 *ad Ed.* (Dig., 15, 38, 16 et 3.)

(4) Ihering, p. 32.

faits extérieurement et immédiatement blessants pour
la personnalité morale, l'intention dolosive avait suffi.
Ce critérium devint trop vague lorsqu'on s'occupa de
protéger contre les atteintes médiates. Car si dans le
cas de lésions immédiates le dol suffit à prouver l'offense morale, dans le cas de lésions patrimoniales, le
dol peut très bien exister sans cette dernière. C'est
pourquoi on s'attacha à l'*animus injuriandi*, c'est-à-dire,
à la mésestime du droit d'autrui et à la conscience que
l'acte en question contient l'expression de cette mésestime (1).

Quant à ce que comporte l'*animus injuriandi*, Ihering
en donne deux éléments (2). 1° L'*injuria* réside dans le fait
de fouler ouvertement aux pieds le droit d'autrui. On (3)
a fait à cette proposition une objection qui ne paraît pas
fondée : on l'a accusée de revenir à celle-ci : que pour être
injurieux le fait doit être *en lui-même* contraire au droit
(an sich widerrechtlich) ; tout autre fait n'étant contraire
au droit que d'après les circonstances données. — S'il
en était ainsi la critique serait parfaitement juste puisqu'il n'y a pas plus d'actes constituant par eux-mêmes
des lésions qu'il n'y a d'actes par eux-mêmes conformes
au droit. Mais c'est fausser la proposition de Ihering que
de lui donner ce sens. La condition requise pour qu'il y
ait *animus injuriandi*, c'est qu'au moment où le fait est

(1) Cf. Windscheid, § 472, II, p. 819.
(2) Ihering, p. 32 et s.
(3) Landsberg, p. 23. — Cf. également Windscheid, *loc. cit.*, *note 1 b*.

commis, l'offenseur ne se prévaille pas d'un droit pour
appuyer son acte, qu'il ne conteste pas le droit de l'offensé. 2° L'offenseur ne cherche pas à se cacher, il mé-
prise *ouvertement* le droit d'autrui, ce qui n'est encore
vrai, et Ihering le suppose sans doute, que si on se place
au moment où l'acte a été commis, car, une fois l'injure
commise, si l'offensé ne veut pas tolérer qu'on le mé-
prise, s'il n'a pas de la *lâcheté en droit* (Rechtsfeigheit),
s'il intente l'*actio injuriarum*, une défense est vraisemblable, l'offenseur cherchera à éviter la condamnation
en contestant la prétention du demandeur.

Enfin pour que l'*animus injuriandi* donne lieu à une
lésion injurieuse il faut qu'il lèse un intérêt moral, mais
juridique. S'il y avait absence d'intérêt de la part de
l'offensé, l'acte ne constituerait qu'une impolitesse, dont
le droit n'a pas à connaître : il n'y aurait là que des actes
indifférents en droit. C'est à ces actes que se réfère,
dans un sens tout particulier, l'expression de *contumelia* employée par les auteurs littéraires par opposition à
l'*injuria* (1).

(1) Sénèque, *de Const. Sap.*, IV, « Dividamus... injuriam a contumelia : prior illa natura gravior est ; hæc levior, et tantum delicatis
gravis : quia *non læduntur* sed offenduntur... X. Contumelia est minor
injuria, quam queri magis quam exsequi possumus, quam leges
quoque nulla dignam vindicta putaverunt. Hunc affectum movet
humilitas animi contrahentis se ob factum dictumque in honorifi-
cum. Ille me hodie non admisit cum alios admitteret : sermonem
meum aut superbe aversatus est aut palam risit et non in medio
me lecto sed imo collocavit et alia hujus notæ ». — Cf. Heineccius,
Antiq. rom. synt., IV, 4. *De injur.*, pr. n. a. — Huschke, p. 156. —
Landsberg, p. 55. — Ihering, p. 75.

39. — Connaissant les caractères généraux de l'extension donnée à l'*actio injuriarum* par la jurisprudence nous n'avons plus qu'à examiner les diverses matières du droit où notre action avait un rôle à jouer, et celles où elle n'avait pas à intervenir.

40. — On remarquera, en ce qui concerne ce dernier point, qu'avant de donner à l'*act. injur.* l'extension et la généralité qu'elle acquit par la suite, les Romains avaient déjà introduit des espèces d'actions d'injures spéciales dans certaines hypothèses où ils avaient reconnu des lésions de la personnalité. Tout le monde connaît à cet égard les rapports existant entre la *querela inofficiosi testamenti* et l'*act. injuriarum* (1). Ihering a une opinion analogue sur l'interdit *quod vi aut clam* (2), l'*act. ad exhibendum* (5), l'*actio depositi et commodati* (3), l'interdit *de liberis ducendis* (4).

D'autre part l'*act. injuriarum* n'avait pas à intervenir là où le but qu'elle poursuivait se trouvait déjà atteint au moyen d'autres actions suffisamment étendues pour protéger contre l'*animus injuriandi*. Il en était ainsi notamment en matière de contrats, grâce à la large extension donnée par la jurisprudence à l'action du contrat (6).

(1) Cf. Ulpien, 44, *ad Ed.* (Eig. 1, § 8, 38, 5). « Querelam inofficiosi vel quam aliam, forte injuriarum vel similem ». — Ihering, p. 7.
(2) Ihering, p. 59.
(3) Ihering, p. 45 et s., note 28.
(4) Ihering, p. 58 et 60.
(5) Ihering, p. 62.
(6) Cf. Ihering, p. 54 et 61. Parfois cependant l'*act. injuriarum* est

Il en était de même dans toutes les hypothèses (1) où, le défendeur faisant défaut, et étant reconnu coupable de dol, le demandeur fixait lui-même, par un *jusjurandum in litem*, le montant de la satisfaction qu'il réclamait : c'est ce qui avait lieu notamment dans le cas de rétention injurieuse de la chose d'autrui, lorsque le défendeur à la *rei vindicatio* refusait d'obéir à l'*arbitrum* et au *jussum judicis de re restituenda* (2). L'analogie de cette estimation et de celle de l'*act. injur.* est facile à apercevoir. Comme dans le cas d'*act. injur.* elle pouvait, d'ailleurs avoir lieu, *cum* ou *sine judicis taxatione* (3).

Il en était de même enfin, là où une action *utilis* avait été donnée comme dans l'hypothèse de séduction ou de détournement de fils ou fille de famille (4).

41. — C'est surtout en matière de propriété, de possession et de détention, que l'extension de l'*act. injur.* devait être efficace.

42. — En ce qui concerne le droit de propriété, les

formellement donnée comme dans l'hypothèse de la lecture du testament par le dépositaire ». Ulpien, 41, *ad Sabin.* (Dig. 41, pr. 9 et 2). *Id.* 30, *ad Ed.* (Dig. 1, § 38, 16, 3). — Ihering, pp. 41, 52.

(1) Marcien, 4, *Regul.* (Dig. 5, 12, 13). « In actionibus in rem et in ad exhibendum et in bonæ fidei judiciis in litem juratur ».

(2) Cf. sur ce point, Ihering, p. 50, note 30.

(3) Marcien, *loc. cit.*, § 1. « Sed judex potest præfinire certam summam usque ad quam juretur ; ... § 2. Item et si juratum fuerit licet judici vel absolvere vel minoris condemnare ». — Cf. Ulpien, 36, *ad Ed.* (Dig. 4, §§ 1 et s. 12, 37).

(4) Paul, 19, *ad Ed.* (Dig. et 14, § 1, 11, 3). « De filio filiavefamilias corruptis huic Edicto (servi corrupti) locus non est ;... sed utilis competit officio judicis æstimanda ». Cf. Ihering, p. 62.

sources nous signalent l'application de l'*actio injuriarum*
contre celui qui, sans méconnaître le droit de propriété
d'un autre, empêche ce dernier de l'exercer. C'est l'hypothèse *si quis re mea uti me non permittat* (1) ou *me
prohibeat*, dont les textes offrent plusieurs exemples (2).

Le plus intéressant est rapporté par Julien : c'est le
cas d'un vendeur qui, après avoir consenti à la vente
d'une vendange, après en avoir opéré la tradition, se
refuse à laisser l'acheteur emporter le moût du raisin (3).
D'une part toute action du contrat doit être écartée, car
la tradition est supposée accomplie et par conséquent
l'acheteur est rendu propriétaire. D'autre part, la circonstance que le vendeur a, par là même, reconnu le
droit de l'acheteur, écarte toute pensée de *rei vindicatio*,
et cela constitue la différence entre ce cas et celui de
rétention volontaire injuste, commise au cours d'une
revendication (4). Ici, par conséquent, d'un côté l'existence du droit ne peut faire l'objet d'une contestation et,
de l'autre, ce droit est ouvertement méprisé par le vendeur : ce qui constitue bien les éléments d'une lésion
injurieuse. Le vendeur empêche l'acheteur d'exercer son

(1) Ulpien, 57 *ad Ed.* (Dig., 13, § 7, 47, 10). « Si quis re mea uti
me non permittat nam et hic injuriarum, conveniri potest.

(2) Ulpien, 57 *ad Ed. præt.* (Dig. 24, 47, 10). « Si quis proprium
servum distrahere prohibetur a quolibet, injuriarum experiri potest ».

(3) Julien, 54 *Digestor.* (Dig., 25, 19, 1). « Qui pendentem vinde-
miam emit.., post traditionem sive lectam uvam calcare, sive mus-
tum evehere prohibeatur, ad exhibendum, vel injuriarum agere
poterit : quemadmodum, si aliam quamlibet rem suam tollere prohibeatur ».

(4) Ihering, p. 43.

droit de propriété : Julien déclare qu'il y a lieu d'appliquer l'*act. injur.* au profit du second. Il dit également que ce dernier pouvait agir également par l'*actio ad exhibendum* : cela s'explique très bien, puisque, comme nous l'avons vu, l'*actio ad exhib.* avait été introduite comme une sorte d'*act. injur.* spéciale, destinée à protéger contre la rétention sans fondement de la chose d'autrui (1). Nous verrons d'ailleurs plus loin la conséquence qu'il y a à tirer, au point de vue du caractère de la condamnation de l'*act. injur.*, du choix donné entre cette dernière action et l'action *ad exhib.* (2).

43. — De l'hypothèse d'une lésion injurieuse portée à l'exercice du droit de propriété, on peut rapprocher l'atteinte portée à l'exercice de l'*usus publicus* sur les *res communes* (3). Chacun a le droit de pêcher ou de naviguer sur la mer, de se servir des bains publics, de prendre place au théâtre, de s'y asseoir à l'amphithéâtre, de se promener, de causer dans les promenades publiques.

(1) **V.** *supra*, p. 76.
(2) **V.** *infrà*, p. 87.
(3) Ulpien, 57 *ad Ed.* (Dig., 13, § 7, 47, 10). « Si quis me prohibeat in mari piscari, vel everriculum quod Græce σαγήνη dicitur, ducere : an injuriarum judicis possim eum convenire ? Sunt qui putent injuriarum me posse agere, et ita Pomponius. Et plerique, esse huic similem eum, qui in publicum lavare, vel in cavea pulica sedere, vel in quo alio loco agere, sedere, conversari non patiatur :... nam et hic injuriarum conveniri potest ». — Ulpien, 68 *ad Ed.* (Dig., 2, § 9, 43, 8). « Si quis in mari piscari aut navigare prohibeatur, non habebit interdictum : quemadmodum nec is, qui in campo publico ludere, vel in publico balneo lavare, aut in theatro spectare arceatur, sed in omnibus his casibus injuriarum actione utendum est ».

Comme l'interdiction de l'exercice de ce droit est absolument dépourvue de fondement juridique, celui à qui semblable interdiction est faite peut agir par l'*act. injur.*, solution qui, à l'époque de Pomponius, paraît avoir soulevé encore certains doutes (1).

44. — A l'égard des lésions injurieuses commises par voie d'atteintes portées à la possession ou à la détention, les moyens de protection possessoire étaient loin d'être suffisants et laissèrent ainsi place à l'application de notre action.

Ainsi l'interdit *utrubi*, qui garantissait la possession mobilière, ne protégea jamais que contre une éviction, et par conséquent laissait place à l'*act. injur.*, dans tous les cas où il n'y avait qu'un trouble apporté à la possession et présentant du reste les éléments injurieux (2).

De même pour la possession immobilière, l'interdit *uti possidetis*, étant un interdit prohibitoire, n'était applicable, qu'au dommage causé postérieurement à la concession de l'interdit (3). L'interdit *quod vi aut clam*, qui était restitutoire (4), comblait bien en partie cette lacune, mais il était restreint à l'hypothèse d'un dom-

----

(1) Arg. ex Ulpien, 57 *ad Ed.* (Dig., *loc. cit.*). « *Sunt qui putent* injuriarum me posse agere, et ita Pomponius. Et *plerique*, esse huic similem eum, qui..., etc. ».

(2) Cf. le fr. de Julien (Dig., 25, 19, 1) *supra*, p. 78.

(3) Ulpien, 69, *ad Ed.* (Dig., 2, 43, 17) « In interdictis exinde ratio habetur fructuum, ex quo edita sunt, non retro ». Cpr. Ulpien 17 *ad Ed.* (Dig. 4, § 2, 8, 5). — Gaius, *Inst.* IV, 163. — V. dans ce sens Ihering, p. 69 et s.

(4) Ulpien, 71 *ad Ed.* (Dig., 1, § 1, 43, 24).

mage matériel (*opus factum*) laissant des traces sur le fonds (1). Si donc on suppose un trouble possessoire ayant les caractères de l'injure et ne présentant pas d'*opus factum*, aucune autre protection que celle apportée par l'*act. injur.*, ne restait au possesseur.

Particulièrement ici il est facile d'apprécier, d'après les sources, l'extension donnée à la sphère d'application de notre action. Un fragment de Venuléjus (2) montre bien que du temps de Trebatius et de Labéon, on ne concevait pas encore l'application de l'*act. injur.* aux hypothèses de troubles possessoires. Dans un cas « qui semblait fait exprès pour l'*actio injuriarum* (3) » Trebatius voulait, à tort d'ailleurs, recourir à l'interdit *quod vi*, et Labéon, qui, avec raison, critique cette opinion, ne songe pas à donner notre action. Un passage de Javolenus (4) que nous avons déjà vu plus haut, en donne une

---

(1) Pomponius, 29 *ad Sab.* (Dig. 21, § 1, 3, 43, 24). — Julien, 68 *Digestor* (Dig. 14, § 7, 43, 24). — Ulpien, 71 *ad Ed.* (Dig. 1, § 4, 43, 24) « Hoc interdictum ad ea sola opera pertinet, quæcumque in solo vi aut clam fiunt ». Ulpien, *eod. loc.* (Dig. 7, § 3, *ibid*). « Si quid operi in solo fiat, interdictum locum habet ». — Venuléjus 2 *Interdictor* (Dig. 22, § 3, *ibid*.).

(2) Venulejus, 2 *Interdictor.* (Dig. 22, § 3, 43, 24) « Si stercus per fundum meum tuleris, cum id te facere vetuissem : quanquam nihil damni feceris mihi, nec fundi mei faciem mutaveris ; tamen teneri te quod vi aut clam, Trebatius ait ; Labeo contra, ne etiam is, qui duntaxat iter per fundum meum fecerit, aut avem egerit, venatusve fuerit sine ullo opere, hoc interdicto teneatur ».

(3) Ihering, p. 2.

(4) Javolenus 9 *ex Poster. Labeon.* (Dig. 44, 47, 10) « Si inferiorum dominus ædium, superioris vicini fumigandi causa, fumum faceret ; aut si superior vicinus in inferiores ædes quid aut projecerit, aut

autre preuve. Le jurisconsulte rapporte une hypothèse signalée par Labéon. Le propriétaire d'une maison plus basse que celle de son voisin se plaît à produire de la fumée, pour enfumer ce dernier ou encore celui-ci jette sur le toit de la maison inférieure des ordures ou des eaux sales. Le voisin offensé n'avait aucune protection par la voie des interdits ; car d'une part, il n'y avait pas d'*opus factum* et par conséquent il n'y avait pas lieu d'exercer l'interdit *quod vi aut clam* ; et d'autre part l'interdit *uti possidetis* ne pouvait aboutir qu'à une défense de recommencer et était inapplicable à la lésion une fois commise. Or à l'époque de Labéon on était encore étranger à l'application de l'*act. injur.* dans cette hypothèse : le fait est que ce jurisconsulte la refuse, tandis que Javolenus, au contraire, ne craint pas de l'accorder sans hésiter.

On remarquera d'ailleurs qu'ici notamment, il y a lieu d'appliquer la distinction, qui a été faite précédemment (1), entre les actes indifférents au point de vue du droit et ceux au contraire qui présentent un intérêt juridique et dont le droit a à connaître. C'est la présence de cet intérêt qui sert de critérium pour savoir si notre action est applicable à telle ou telle mésestime de la personnalité. Chacun sait qu'à certains égards, le pu-

---

infuderit : negat Labeo, injuriarum agi posse ; quod falsum puto, si tamen injuriæ faciendæ causa immittitur ». — Sur l'interprétation du *si tamen injuriæ facienda causæ*, cf. Ihering, p. 40 et s.

(1) V. *infra*, p. 75.

blic peut se servir de la propriété privée : Ihering
parle ici d'un *usus publicus* de la propriété privée (1).
L'exemple le plus frappant est celui de la chasse ou de
la pêche. Chez les Romains, à moins que le propriétaire n'eût défendu de chasser sur ses terres ou de pêcher dans ses eaux, le public pouvait se livrer à ce
passe-temps (2). La défense faite par le propriétaire manifestait son intérêt à se réserver cette jouissance de
son droit de propriété. Le droit connaissait alors des
atteintes qu'on y portait comme de toutes les autres.
On ne pouvait donc voir de lésion injurieuse et de cas
d'application de l'*actio injuriarum* que là ou le propriétaire avait eu un intérêt lésé, et, s'il s'agissait d'un des
points soumis à un *usus publicus*, que là où celui-ci avait
été restreint par une défense (3).

Enfin l'action *injuriarum* était donnée, dans son extension aux troubles injurieux, non seulement au possesseur, mais même au détenteur, locataire ou fermier (4),

(1) Ihering, p. 77.
(2) Gaius, 2 *Rer. Cottid.* (Dig. 3, § 1. 41. 1)... « Qui inalienum fun=
dum ingreditur, venandi aucupandive gratia, potest a domino, si is
providerit, jure prohiberi ne ingrederetur ». — *id.* (Dig. 3, § 3, *ibid.*)
— Callistrate, 3 *de Cognition.* (Dig., 16, 8, 3) « Divus pius aucupibus
ita rescripsit :... non est consentaneum, ut per aliena prædia, in-
vitis dominis, aucupium faciatis ». — Ulpien, 57, *ad Ed.* (Dig. 13, § 7,
47, 10) « ... nisi quod ingredi quis agrum alienum prohiberi potest...
In lacu tamen, qui mei dominii est, utique piscari aliquem prohibere
possum ».
(3) Cf. Ihering, p. 88 et 89.
(4) Ulpien, 56 *ad Ed.* (Dig. 5, § 2, 47, 10). « Sive in propria domo
quis habitaverit, sive in conducto, vel gratis, sive hospitio recep-
tus. (§ 4) » « Et si dominus fundum locaverit, inque eum impetus

ce qui leur était d'autant plus utile que l'interdit *uti possidetis* leur était refusé, et que l'interdit *quod vi aut clam*, qu'ils avaient la faculté, il est vrai, d'exercer, était, comme on l'a vu, souvent insuffisant.

45. — En même temps que l'*actio injuriarum* recevait de la jurisprudence l'extension considérable qui vient d'être signalée, le caractère de la *condemnatio* à laquelle elle aboutissait devenait très différent de ce qu'il était autrefois. Primitivement l'objet de cette *condemnatio* était d'établir une peine privée qui n'était en somme qu'une composition établie pour réprimer l'exercice de la vengeance privée. L'adoucissement général des mœurs et la confiance dans la protection apportée par les institutions publiques diminuèrent de plus en plus la crainte de cette vengeance. D'ailleurs, il arrivait souvent que l'offenseur étant une personne sans honneur ni fortune (1) la peine prononcée contre lui était inefficace. On conçoit donc aisément que l'État s'occupât d'établir contre les injures une répression criminelle qui ne fût plus basée que sur le désir d'assurer l'ordre et la paix publique et qui se manifestât par des châtiments corporels.

factus sit : colonus aget non dominus » — On remarquera d'ailleurs qu'ici, dans l'hypothèse d'une violation de domicile, l'action donnée est celle de la *lex Cornelia*. — Cf. Ihering, p. 95 et s. — Landsberg, p. 50 et s.

(1) Ulpien, 3, *De omnibus tribun.* (Dig., 35, 47, 10). « Si quis injuriam atrocem fecerit, qui contemnere injuriarum judicium possit ob infamiam suam et egestatem, Prætor acriter exsequi hanc rem debet, et eos, qui injuriam fecerunt, coercere ».

Cela eut lieu sous l'influence et par l'extension (1) de la *Lex Cornelia de injuriis*. Comme pour les autres délits (2), on reconnut à l'offensé le droit de choisir entre l'exercice de l'action devant le juge civil et l'*accusatio* devant le juge criminel dans un *extraordinarium crimen* (3) : choix exclusif qui lui était d'ailleurs personnellement réservé, de sorte que la condamnation privée, conséquence de l'action civile ne pouvait subsister à côté de la peine publique, conséquence de l'action criminelle (4). En tant que répression du délit la peine privée tendit ainsi à disparaître (5) ; déjà avant Théodose, Hermogénien (6) nous signale le fait dans la pratique. Dans le dernier état du droit, toute injure peut être poursuivie *extra ordinem* (7).

(1) Cf. les sénatuscons. sur les libelles diffamatoires ; Ulpien, 56, *ad Ed.*, (Dig., 5, §§ 9 et 10, 47, 10) ; Paul, 55, *ad Ed.*, (Dig., 6, 47, 10) ; et en général sur la répression criminelle des injures, Paul, *Sent.*, 5, 4, 11 et s.

(2) Cf. Savigny, *Obligat.* (trad. franç.), § 83, II, p. 478.

(3) Ulpien, 2, *De offic. Proconsul.* (Dig., 3, 47). « Si quis actionem, quæ ex maleficiis oritur, velit exsequi : si quidem pecuniariter agere velit, ad jus ordinarium remittendus erit ; nec cogendus erit in crimen subscribere. Enim vero si extra ordinem ejus rei pœnam exerceri velit, tunc subscribere eum in crimen oportebit ». Paul, 55, *ad Ed.*, (Dig., 6, 47, 10). — Hermogénien, 5, *Epit.*, (Dig., 45, 47, 10). — Cf. Savigny, *loc. cit.*

(4) Paul, *loc. cit.* « Plane si actum sit publico judicio, denegandum est privatum : similiter ex diverso ».

(5) Cpr. cependant Savigny, *op. cit.*, II, p. 495.

(6) Hermogénien, *loc. cit.* « De injuria nunc extra ordinem ex causa et persona statui solet ».

(7) *Instit. Just.*, § 10, 4, 4, *De injur.* « In summa sciendum est, de omni injuria eum qui passus est posse vel criminaliter agere, vel ci-

46. — D'autre part, en même temps qu'un sentiment du droit plus délicat faisait voir des lésions de la personnalité là où autrefois on ne le concevait pas, l'idée d'une satisfaction en compensation du dommage moral éprouvé se substitua naturellement à la notion grossière d'une vengeance et d'une composition. La latitude et le pouvoir d'appréciation laissés au juge, le caractère d'*act. in bonum et æquum concepta* permit d'atteindre ce but, de même que la généralité des termes de la loi des XII Tables et de l'Édit avait facilité l'extension de la sphère d'application de l'action elle-même.

En principe la condamnation devait être pécuniaire, mais il se pouvait que cela ne suffit pas à la satisfaction de l'offensé et que celui-ci réclamât contre l'offenseur soit une restitution, soit une prohibition.

Le fragment de Julien (1) *qui pendentem vendemiam emit* en fournit la preuve. On se rappelle l'hypothèse : le vendeur d'une vendange s'oppose à ce que l'acheteur enlève le moût de son raisin. Ce que le demandeur désire, c'est donc obtenir du juge qu'il puisse enlever sa chose. Le jurisconsulte donne le choix entre l'*act. ad exhibendum* et l'*act. injuriarum* « ad exhibendum vel injuriarum agere poterit ». Or si les deux actions sont ainsi mises sur la même ligne, on en peut conclure qu'elles permettaient toutes deux d'obtenir le résultat

viliter..... Si criminaliter, officio judicis extraordinaria pœna reo irrogatur ».

(1) Julien, 54 *Digestor*, (Dig. 25, 19, 1).

recherché. Par l'*act. ad exhibend.* on y arrivait facilement, c'était une *actio arbitraria* (1) dont la formule portait comme on le sait « Si arbitratu tuo non exhibebi-
tur » (2). L'*actio injuriarum* ne présentait pas les mêmes
facilités; bien que conçue *in bonum et æquum*, elle n'était
pas arbitraire et le juge ne pouvait prononcer qu'une
condamnation pécuniaire. Mais la fixation définitive lui
en était abandonnée, il n'avait donc qu'à menacer le défendeur d'une condamnation très forte (3), s'il persistait
à résister au droit du demandeur.

Le même texte suppose également que le vendeur empêche l'acheteur de presser ses grappes de raisin « *lectam uvam calcare* ». Ici il fallait donc que l'*act. injur.*
aboutît à une prohibition au profit du demandeur pour
contraindre le défendeur à ne plus s'opposer aux opérations du propriétaire de la vendange. Le juge pour y parvenir n'avait qu'à faire promettre à ce dernier une peine
pour toute nouvelle contravention. Cela est reconnu for-

(1) *Instit. Just.*, 4, 6, § 31.
(2) Cf. Lenel, *Edict. perpet.*, p. 175.
(3) Ihering, p. 100 et s.
(4) La même solution devait être donnée dans les hypothèses citées par Ulpien, 57 *ad Ed.* (Dig. 15, § 31, 47, 10). « Si quis bona alicujus vel rem unam per injuriam occupaverit : injuriarum actione
tenetur » — et par Modestin, 12 *Respons.* (Dig. 20, *ibid.*). « Si injuriæ faciendæ gratia Seja domum absentis debitoris signasset sine
auctoritate ejus, qui concedendi jus potestatemve habuit : injuriarum actionem intendi posse respondit ».

mellement pour les autres actions *ex delicto*, notamment
pour l'*actio in factum leg. Aquiliæ* (1) et rien ne s'oppose
à ce qu'il en fût de même pour notre action (2).

47. — L'*actio injuriarum* primitivement restreinte
aux atteintes portées à la personnalité morale des individus par des faits extérieurement et immédiatement
blessants pour leur dignité, se trouva ainsi subir une
double modification : d'une part sa sphère d'application
fut considérablement augmentée par son extension aux
cas d'injures médiates ; d'autre part le résultat pratique
obtenu était devenu conforme au progrès des mœurs,
en prenant le caractère de dommages-intérêts et en per-
dant celui d'une composition.

(1) Ulpien, 18 *ad Edict.* (Dig. 27, § 14, 9, 2).
(2) Ihering, p. 102.

DROIT FRANÇAIS

INTRODUCTION

Les relations internationales, autrefois assez restreintes, sont devenues aujourd'hui générales entre les pays civilisés; il n'y a plus guère que le Céleste Empire qui s'efforce d'y faire exception, en dépit de ses traités avec les Etats européens. Ce rapprochement entre les nations provient de la communauté des besoins d'une part, et d'autre part de l'extrême facilité des communications, qui permet la négociation des affaires entre les diverses industries des deux mondes, plus rapidement et dans une bien autre mesure que jadis entre les habitants d'un même pays.

Un tel commerce international ne pouvait manquer de mélanger les membres des divers Etats et de donner une importance toute nouvelle à la *nationalité* des individus (personnes physiques ou morales). Cette partie du droit a attiré l'attention de nombreux auteurs : les uns l'ont étudiée au point de vue du droit interne des Etats ; un petit nombre l'ont fait au point de vue du droit international.

La question a préoccupé de même les législateurs ; presque partout ils se sont vus dans la nécessité de réformer leur législation à cet égard soit dans leur droit privé soit dans leur constitution. C'est ce qui a eu lieu récemment en France en 1889, et qui avait eu lieu peu de temps avant, en Norwège en 1888, au Mexique en 1886, au Luxembourg en 1878, en Suisse en 1876, en Angleterre en 1871, en Allemagne en 1870, etc....

Toutefois, parmi les difficultés juridiques auxquelles ce mélange des nations donne nécessairement lieu, le cumul de plusieurs nationalités chez une même personne paraît avoir peu préoccupé les auteurs et même avoir été un point de vue complètement négligé par quelques législateurs, malgré la gravité des conséquences qui en résultent.

C'est l'étude particulière de ce conflit de lois qui est l'objet de la présente dissertation.

La première question qui se pose tout d'abord est celle de savoir si vraiment, dans l'état actuel du droit moderne, il est possible qu'une personne soit en même temps le national de plusieurs Etats (Chapitre I).

Cette question se trouvera tranchée affirmativement par l'étude des cas dans lesquels la nationalité d'origine d'un même individu se trouve fixée simultanément dans plusieurs États par des principes différents, c'est-à-dire par le *jus soli* et le *jus sanguinis* (Chapitres II et III).

Le même conflit se présente à l'occasion de l'acquisition de la nationalité par naturalisation, c'est-à-dire de l'acquisition d'une nouvelle nationalité par un individu déjà national d'un autre Etat. On verra alors comment la perpétualité de l'allégeance ou même les diverses règles relatives à l'expatriation donnent lieu à la pluralité des nationalités (Chapitre IV).

Enfin on recherchera quelles solutions ont été apportées aux difficultés soulevées par le cumul des nationalités soit dans les rapports d'Etat à Etat (Chapitre V), soit relativement aux individus (Chapitre VI).

Ayant vu ainsi la possibilité d'une pluralité de nationalités pour une même personne et comment le conflit en question prend naissance et est traité dans la pratique moderne, nous examinerons quelle est la solution désirable à y apporter soit au moyen de dispositions législatives uniformes dans les divers Etats, soit au moyen de conventions internationales (Chapitre VII).

La question relative à la double nationalité des sociétés sera étudiée en dernier lieu dans un appendice.

DE LA

DOUBLE NATIONALITÉ

DES INDIVIDUS & DES SOCIÉTÉS

CHAPITRE PREMIER

PRÉLIMINAIRES.

Ce qu'est la nationalité. — Possibilité de la réunion de plusieurs nationalités sur une même personne.

La diversité physique des lieux habitables de notre globe crée et conserve la formation de communautés politiques séparées. On conçoit que ceux qui vivent sur un même sol s'unissent pour protéger leurs personnes, leurs biens, leurs entreprises et pour favoriser leur commerce avec les autres parties du monde. Mais il est aisé de comprendre qu'une sécurité matérielle et économique si avantageuse exige d'autre part certains sacrifices des individus qui en profitent : chacun doit, en effet, renoncer à son droit absolu sur tout ce qui l'entoure et se contenter à l'égard de ses semblables de la même étendue de liberté qu'il veut bien supporter de leur part à l'égard de lui-même (1). Chaque membre de la communauté doit restreindre sa liberté dans une certaine mesure fixée par une constitution et par des lois afin d'assurer par là à lui-même et à tous les autres la jouissance de la liberté limitée qui lui reste et les avantages de la vie en société. La fidélité et le dévouement, le respect de la constitution, l'obéissance aux lois, la contribution aux charges générales et à la défense commune, constituent l'allégeance que chacun doit à la communauté.

Lorsqu'une semblable réunion d'individus est organisée d'une façon durable sur un territoire fixe et déterminé, afin de pourvoir ainsi à leur but commun (2), on lui attribue le nom et la qualité d'*Etat* ou de *nation*, *juridico sensu*. Le droit n'a pas à s'occuper en effet de la *nation* en tant qu'unité naturelle, démontrée par l'usage d'un langage commun ou de mœurs communes, et dont les limites territoriales ne coïncident pas nécessairement avec celles d'une communauté politique : le droit ne connaît que de la *nation* prise comme communauté politique, souveraine et indépendante.

---

(1) Cf. Hobbes, *Leviathan*, I, 14.
(2) Cf. Heffter, *Le Droit intern. de l'Europe*, § 15, note 1 de Geffcken. — C'est également le point de vue adopté par la jurisprudence américaine, cf. Abbott, *Digest*. v° citizen. texte et note 1.

Pour la commodité du langage, il a fallu, en outre, donner un nom à la qualité de membre d'un État ou d'une *nation*, et il fallait un terme qui désignât à la fois la personne et sa relation avec la *nation*.

Le terme de *sujet* (1), pourrait, s'il était interprété judicieusement, s'appliquer, quelle que fût la forme du gouvernement, puisque la communauté a pour base la sujétion de ses membres à sa souveraineté (2). Mais dans le langage usuel le mot *sujet* est le plus souvent associé à l'idée de monarchie absolue, ce qui le fait voir aujourd'hui avec défaveur et ce qui le rend impropre à l'égard des autres formes de gouvernement.

L'expression romaine de *citoyen* (*civis*), admise en France dans les lois intermédiaires (3) et encore aujourd'hui aux États-Unis d'Amérique (*citizen*) (4) n'offre pas le même inconvénient. Elle est encore défectueuse cependant, car elle a le désavantage de faire allusion à la qualité particulière de détenteur des droits politiques, de membre actif du corps politique de l'État, bien que dans le langage officiel le terme *citizen* com-

(1) On sait que c'est l'expression usitée en Angleterre (*subject*). On la trouvera employée notamment dans le *naturalization act*, 1870 (33 et 34, Victoria, ch. 14).

(2) Ainsi il a été jugé, en 1817, à propos de l'article 15 du traité hispano-américain de 1795 que le mot *sujet* était synonyme de *citoyen*, de *indigène*, et signifiait toute personne soumise par sa naissance ou sa naturalisation à l'obligation d'allégeance envers un État. [Cf. Wheaton, II, 227. The Pizzaro case in the sup. court.]

(3) Cf. Constit. du 3-14 septembre 1791, titre II, art. 2.

(4) Ce terme est consacré aux U. St. A. par le texte même de la constitution. Cf. *Revis. St. of. U. St. A.*, sect. 1992.

7

prenne toute personne de nationalité américaine, qu'elle possède ou non les droits politiques (1). De plus dans les États fédératifs, comme les États-Unis d'Amérique, le mot *citoyen* (*citizen*) offre le nouveau désavantage d'exprimer à la fois la qualité de membre de l'une des communautés fédérales prise en particulier et la qualité de membre de la nation entière.

Les juristes français et allemands, notamment, écartent au contraire de semblables ambiguïtés en se servant du terme de *national* (*Staatsangehœriger*). Par là, la *nationalité* (*Staatsangehœrigkeit*), comme attribut légal des personnes, exprime la qualité de membre d'un État particulier, le rapport avec une certaine communauté politique, rapport dont les termes sont l'allégeance d'une part et la protection de l'autre.

Ce rapport de l'individu avec la nation paraîtrait, en raison, devoir être un rapport purement volontaire ; on concevrait que la qualité de national fût le résultat d'une convention expresse ou tacite entre l'individu et l'État. Tel n'est cependant pas le droit moderne. Dans la plupart des pays, en effet, la nationalité apparaît comme l'effet nécessaire de certains événements de la vie juridique, événements spécifiés différemment selon les législations.

Comme la qualité de national est en somme un avantage, puisqu'elle consacre la vie en communauté, il est

(1) Cf. Minor, *v.* Happerset 21 Wall. 162 (U. St. A. Sup. Court, 1874).

naturel de l'attribuer aux individus dès leur naissance :
de là cette proposition que la nationalité s'acquiert par
la naissance. On peut à cet effet envisager soit la filiation, soit le lieu où se produit la naissance : de là cette
autre proposition que la nationalité s'acquiert — soit par
le fait de naître de certains parents, c'est le système de la
filiation, — soit par le fait de naître dans un certain lieu,
c'est le système territorial. De plus les individus, jusque-
là nationaux d'un État, peuvent parfois devenir, soit volontairement soit même *ipso jure*, membres d'un autre
État : de là une autre manière d'acquérir la nationalité :
la *naturalisation*.

D'autre part comme la détermination des modes d'acquisition et de conservation de la qualité de national
appartient et ne peut appartenir qu'à la législation de
l'État, comme chaque État est le maître de décider quels
sont les individus qui le composent, quelles personnes
sont ou ne sont pas ses propres nationaux, il arrive
qu'une personne peut être regardée comme un national
dans deux ou plusieurs États en même temps. Les
modes d'acquisition et de conservation de la nationalité
étant différents dans les États en question, il faut et il suffit que les conditions de la nationalité se trouvent réu-
nies simultanément sur la même tête dans chacun d'eux.

C'est à cette situation que se réfèrent les expressions
de « cumul des nationalités (1) » ou de « double nationa-

_____

(1) Cette expression est employée notamment par Weiss, *notes*

lité », « double citizenship » (1), « doble nacionalidad (2) », « gleichzeitige Staatsangehœrigkeit », (3), « gleichzeitiges Unterthanenverhæltniss in mehreren Staaten », « mehr- fache Staatsangehœrigkeit (4) », « gemichtes Untertha- nenverhæltniss », « doppelte Staatsangehœrigkeit », « Doppelbürgerrecht (5) ». La première de ces expres- sions paraît être la meilleure : l'expression de *double na- tionalité* prête, en effet, à une confusion, car elle se ré- fère également à la situation de l'individu qui, membre d'un État fédéral particulier se trouve en même temps membre de la Confédération en général (*Nationalité d'État, nationalité fédérale*), ainsi que cela a lieu en Allemagne ou aux États-Unis d'Amérique. Il est fa- cile de voir que la réglementation de cette double na- tionalité est pour ces États affaire de droit interne (bürgerlisches Recht, municipal law) et que le droit in- ternational n'a pas à en connaître (6).

Dans les relations d'État à État, tout État a en effet l'obligation et le droit de protéger ses sujets (7). L'*obli-*

sur la loi française du 26 juin 1889 (*Ann. lég. franç.*, 1890, p. 124, note 2, *in fine*, p. 125).

(1) A. Porter Morse, *Citizenship by birth and naturalization*, p. 104, 160.

(2) *Estudios sobre nacionalidad, naturalizacion y ciudadania, por un primer secretario de legacion*, p. 125.

(3) Falcke, *Gleichz. Staatsangeh.*

(4) De Bar, p. 257 et s., tome I (2ᵉ édit. 1889).

(5) Mohl, p. 315.

(6) Cf. sur ce point en Allemagne, Falcke, *Ueber gleichzeitige Staatsangehœrigkeit in mehreren deutschen Bundesstaaten* (Leipzig, 1888).

(7) Grotius, *Jur. Belli ac Pac.*, II, 25, 1. — Holland, *Jurisprud.*, XVII, p. 330.

gation de protéger est une obligation dérivant uniquement du droit interne : chaque État accordant ou refusant sa protection comme bon lui semble. Le *droit* de protéger est, au contraire, un droit international (2) ; son étendue est déterminée par le droit des gens et par les usages internationaux ; et, à cet égard, on doit toujours se rappeler que, si, en vertu du droit international, chaque État est autorisé à veiller aux intérêts de ses nationaux dans les États étrangers, en revanche, tout État est souverain dans les limites de son territoire. On conçoit alors les difficultés auxquelles peut se heurter cette protection, lorsque l'État dans lequel se trouve l'individu à protéger, réclame lui-même cet individu comme son national.

L'intérêt de la situation en question apparaît en second lieu dans les relations d'État à sujet d'un autre État :

a) au point de vue des droits civils. Car si on admet, en ce qui touche la personne ou ses biens mobiliers, qu'il faut suivre sa loi nationale, quelle loi nationale faut-il suivre lorsque l'individu a deux nationalités ?

b) au point de vue des droits et des obligations politiques. Car, pourra-t-on, par exemple, être électeur et éligible dans deux pays à la fois ? Particulièrement au point de vue du service militaire, le fait de devoir allégeance à deux États différents peut créer à l'individu une situation fort difficile même en temps de paix. A plus forte raison en temps de guerre, la double nationalité

(1) Hall, *Intern. law*, chap. V, p. 200.

devient pour l'individu une source de dangers tout particuliers ; car si l'homme qui se trouve avoir deux patries épouse volontairement la cause de l'une, il commet une trahison à l'égard de l'autre.

D'autre part on peut remarquer que l'étude du cumul des nationalités offre un intérêt spécial aujourd'hui surtout en France. Le législateur français, en effet, frappé des inconvénients auxquels le Code Napoléon avait abouti, et du grand nombre de gens, sans patrie légale, habitant le territoire de la République, a cherché dans une loi récente à empêcher l'absence de nationalité. Mais si les moyens employés sont, en effet, propres à mettre obstacle à l' « *heimatlosat* », on sait, et on verra dans la suite de cette étude, qu'ils donnent lieu par contre au conflit qui nous occupe, à des cumuls de nationalités (1).

La possibilité d'une semblable situation a cependant été niée.

Püttlingen (2) et Unger (3) s'appuient à cet égard : *a*) sur la définition de la nationalité, qui, d'après eux, doit être regardée comme la soumission de la personnalité juridique et politique à l'autorité d'un État déterminé ; *b*) et sur ce que la personnalité étant indivisible, la sujétion ne saurait être divisée.

---

(1) Cf. Weiss, *loc. cit.* et *Tr. de dr. int. pr.*, p. 11 et s. — Cogordan, *De la Nationalité* (2ᵉ éd.), p. 109.

(2) Püttlingen, *Handbuch d. in Œsterr. Ung. geltenden internat. Privatrechts* (2ᵉ éd. Wien, 1878), § 12, p. 41.

(3) Unger, *System d. Œsterreisch, Privatrechts*, p. 293.

De Bar (1) nie également la possibilité de ce cumul, en s'appuyant sur ce que la fidélité due à un État ne peut, par essence, être limitée en quoi que ce soit, par une fidélité simultanée à un autre État indépendant du premier.

Laurent (2) regarde la double nationalité comme une « impossibilité naturelle et juridique », mais la raison qu'il en donne ne paraît précisément pas très juridique. « S'il est vrai, dit-il, que les nations sont l'œuvre de Dieu et que chacune a des facultés spéciales et une mission particulière, on ne conçoit pas que l'homme ait deux nationalités. Nous n'avons pas deux sangs qui coulent dans nos veines, nous n'en avons qu'un : nous n'avons pas deux génies nationaux, qui feraient qu'au lieu d'être un, nous serions deux, et que, divisés en nous-mêmes, nous serions un être double et contradictoire, anglais tout ensemble et français, allemand tout ensemble et italien. C'est là une impossibilité naturelle et juridique. Les conséquences sont aussi absurdes que le principe.....: »

Il semble que ce soit là des opinions théoriques, qui, bien qu'exactes en droit pur, se heurtent en fait à la

---

(1) V. Bar, *Theorie und Praxis des intern. Privatrechts* (2e éd., 1889), I, p. 257 et 258. — Et dans le même sens : Feuerbach, *Themis od. Beitr. z. Gesetzgeb.*, 1812, p. 323. — Püttlingen, *Die gesetzliche Behandlung der Auslander in Œsterreisch*, (Wien, 1842), § 2 ; voir p. 2, rem. 2, sur la convention passée le 3 mars 1815 entre l'Autriche, la Prusse et la Russie sur les sujets mixtes en Galicie.

(2) Laurent, *Dr. civil intern.* (1880), III, no 144, p. 158 et s.

réalité du droit positif. C'est ce qu'admettent Calvo (1), Fiore (2), Brocher (3), Savigny (4).

S'il n'est pas douteux qu'on doive admettre en principe que la même personne ne peut devoir allégeance à deux États différents, il n'en faut pas moins reconnaître que les imperfections du droit moderne permettent qu'en fait le conflit précédent se produise et puisse se produire, puisqu'en somme, tout dépend des dispositions des lois et de la jurisprudence des différents États (5).

Il est vrai que certaines législations tant anciennes que modernes, ont prévu le fait d'une double nationalité et ont cherché à l'empêcher de se produire. Mais il faut bien remarquer aussi qu'elles se placent toujours au point de vue de la naturalisation et jamais au point de vue de la nationalité d'origine. C'est ainsi que le droit romain regardait comme ayant perdu la qualité de ro-

(1) Calvo, *Le Dr. intern. théor. et prat.* (4ᵉ éd. Paris-Berlin, 1888), § 648, II, p. 139.

(2) Fiore, *Dr. intern. privé*, n° 328.

(3) Brocher, *Cours de Dr. intern. privé* (Genève, 1882), I, n° 70, p. 240.

(4) Savigny, VIII (translat. by Will. Guthrie : « *A treatise on the conflict of laws* » Edinburgh, 1868), sect. VIII, p. 48. — Weiss est peu clair sur ce point, car d'une part il nie la possibilité d'une double nationalité (p. 11), et d'autre part il la reconnaît (p. 13).

(5) A. Phillimore, *Comment. up. intern. law.* (3ᵉ éd., London, 1879), I, p. 445, § 332 « In truth, this must depend upon the civil policy and domestic regulations, of each state. But it is true as a general proposition, that a man can have only one allegiance ». — Heffter, *Dr. intern. de l'Europe*, § 59ᵃ, note 1, p. 136 (Ed. Bergson-Geffcken, 1883). — Cogordan, *op. cit.*, p. 14 et 15.

main celui qui acquérait une nationalité étrangère (1), de même que la plupart des législations modernes attachent à la naturalisation acquise à l'étranger un effet de rupture de leur nationalité. C'est ainsi encore que la jurisprudence française n'admet pas qu'un individu naturalisé français puisse se réclamer d'une ancienne nationalité qu'il n'aurait pas perdue (2), c'est ainsi que la loi luxembourgeoise (3), la loi suisse (4), la loi suédoise (5), la loi norwégienne (6) déclarent que la naturalisation ne pourra être conférée à des étrangers qui resteraient d'autre part encore soumis à leur ancienne patrie (7).

Mais aucune législation ne déclare formellement, au sujet de l'acquisition de la nationalité par la naissance, qu'elle cesse d'attribuer sa nationalité à un individu,

(1) Cf. Cicéron, *Pro L. C. Balbo*, cap. XII. « Sed nos non possumus et hujus esse civitatis (Romæ) et cujusvis præterea ;... » cap. XIII «... ne quis nostrum plus quam unius civitatis esse possit, dissimilitudo enim civitatum varietatem juris habeat necesse est ;... ».

(2) Cf. Correspondance de M. Crémieux au sujet de la naturalisation en France de Lord Brougham (*Nouv. rec. gén. de tr.* (De Martens-Murhard) XI, (1847-48), p. 436).

(3) Luxembourg, Loi 27 janvier 1878, art. 2.

(4) Suisse, L. féd., 3 juillet 1876, art. 2.

(5) Suède, Ordon. roy., 27 févr. 1858, § 4. — Tandis qu'en Luxembourg et en Suisse la mesure était relativement récente, c'est en Suède un système fort ancien, qui est déjà mentionné au XVIIe s. par J. Loccenius (*Sueciæ regni leges civiles...*, 1645, p. 15).

(6) Norwège, L. 21 avril 1888, art. 3.

(7) Cf. également en Russie, Ukase du 6 mars 1864, art. 7, à l'égard des sujets des États liés sur ce point par des traités, c'est-à-dire notamment l'Autriche et la Prusse (convention du 3 mars 1815) voir n. 3, p. 103 *supra*. — Convention, 12-24 mai 1815, 14-26 juillet 1822 avec l'Autriche, et celle du 25 juillet, 10 août 1887 avec la Prusse.

lorsqu'une loi étrangère attribue de son côté cette même qualité au même individu ; et cela a pour raison, que le législateur sacrifierait, en agissant ainsi, la dignité nationale de sa patrie, en admettant un semblable empiétement d'un État étranger sur la souveraineté de son propre pays.

Enfin la législation ou la jurisprudence d'un grand nombre de pays ont laissé ou laissent encore place à un cumul de nationalités, soit simplement en ne l'empêchant pas, soit en le permettant dans certains cas, soit enfin en en reconnaissant formellement la possibilité et le fait.

Telle paraît avoir été autrefois la législation des Grecs au temps de Cicéron (1).

Telles étaient certaines législations allemandes particulières avant la loi d'Empire du 1er juin 1870. En effet, en Prusse (2), en Saxe (3), dans le Schleswig-Hols-

_____

(1) Cf. Cicéron, *op. cit.* cap. XII, « In Græcis civitatibus videmus, Athenis Rhodios, Lacedemonios, ceteros undique adscribi, multarumque esse eosdem homines civitatum ». Il semble cependant qu'il n'en a pas été toujours ainsi ; on connaît en effet la loi de Solon d'après laquelle pour obtenir le droit de cité à Athènes il fallait avoir rompu avec son ancienne patrie. Cf. Plutarque, *Solon*, 33.

(2) En Prusse, cf. *Ges. über Erwerb und Verlust d. Eigenschaft als Preuss. Unterthan.*, 31 dec. 1842 (*Preuss. Ges. Samml.*. 1843, p. 15). Parmi les causes de perte de l'indigénat prussien, limitativement énumérées dans le § 15 de cette loi, celle basée sur l'acquisition d'une autre nationalité d'État n'est pas mentionnée ; de même dans le § 1, l'acquisition de la nationalité d'État n'était en aucune façon rendue dépendante de la preuve d'une rupture du lien antérieur de sujétion. Cpr. *Verfassungs. urkunde für. d. Preuss. St.*, 31 janv. 1850 (*ibid.*, 1850, p. 17) — Voir également : *Rescript.* du 19 février 1862

tein (4), la loi laissait place en principe à un cumul de
nationalités ; elle le permettait même expressément à
l'aide d'une autorisation royale comme en Bavière (5)
ou en Württemberg (6) ; enfin, indépendamment des
lois particulières, la constitution fédérale de 1815 (7)
déclarait que les familles seigneuriales appartenaient
aux États dans le territoire desquels étaient situées leurs
seigneuries ; il en résultait une pluralité de sujétions et
les États intéressés ne pouvaient pas contraindre direc-
tement ces personnes, à abandonner un de leurs indigé-
nats. La perte de l'indigénat par l'acquisition d'une autre

(*Min. Bl. d. inn. Verwalt.*, 1862, no 60) ; *Bescheid* du 3 octobre 1872
(*ibid.*, 1872-73, no 221), qui s'exprime ainsi : « Auch nach dem Indi-
genatsgesetz vom 31 dec. 1842 hatte die Erwerbung einer fremdem
Staatsangehœrigkeit an und für sich allein niemals den Verlust des
preussischen Indigenats zur Folge, vielmehr war auch schon früher
der Besitz einer doppelten Staatsangehœrigkeit thatsæchlich mœ-
glich ».

(3) En Saxe, Cf. *Ges. über Erwerb und Verlust d. Unterthunenrechts
in K.-R. Sachs.*, 2 juil. 1852 (*Ges. Verordn. Blatt.*, p. 240), § 20 ; Cpr.
Verfassungsurkunde d. K.-R. Sachsen, 4 sept. 1831, § 25. Voir également *Verordn.*, 22 nov. 1852 (Funke, *Polizeiges. und Verordn. d. K.-R.
Sachs.*, V, p. 167).

(4) Schleswig-Holstein, Cf. *Grundges.*, 15 janvier 1776, I *betreff.
das Indig.* (*Syst. Samml. Schlesw. und Holst. Verordn.*, tome I, p. 483) ;
Falck, *Handbuch d. Schl.-Holst. Privatrechts*, IV, p. 146.

(5) Bavière, Cf. *Edict. über das Indigenat.*, § 6, no 1 (*Beilage* I *zur Ver-
fassung*, 26 mai 1818 — *Amtsblatt*, p. 722), Pœzl, *Samml. Bayr. Ver-
fassg.* p. 25, 119-123.

(6) Württemberg, Cf. *Ausschreiben* du minist. de l'intér. du 14 janvier 1828 ; *Ges.*, 15 avril 1828, § 4 ; Mohl, *Das Staatsrecht d. K-R.
Württemb.* (2e éd., 1884), I, p. 321 ; *ibid.*, p. 315.

(7) *Deutsch. Bundesacte*, 8 juin 1815, art. 14.

nationalité n'était reconnue que dans quelques petits
États, Hambourg (1), par exemple (2).

Le cumul des nationalités s'est donc produit de tout
temps. On va voir dans la première partie de cette étude
que bien des législations modernes, tant en Europe que
dans le Nouveau-Monde, laissent encore place aujour-
d'hui à une pluralité de sujétions. Bien plus cette pluralité va parfois jusqu'à être consacrée dans les lois écrites.

On remarquera, enfin, que, si dans le courant de ce
travail, une place importante est faite au droit anglo-
américain, c'est que, les États-Unis étant de tous les
pays du monde celui où les étrangers affluent en plus
grand nombre, et l'Angleterre étant celui dont les relations internationales sont le plus développées, les questions de nationalité et de naturalisation ont pour eux
une plus grande importance que pour aucun autre. On
connaît les innombrables conflits qui ont surgi depuis le
commencement de ce siècle entre le gouvernement de
l'Union d'une part, et ceux de l'Europe d'autre part, au
sujet de l'appréciation de la nationalité des émigrés (3).
Enfin un droit surtout coutumier, comme l'est celui de
l'Angleterre et des États-Unis, exige nécessairement un
exposé plus ample que de simples citations de textes,
suffisantes pour des législations codifiées ou écrites.

(1) *Ges. betreff. d. Staatsangehœrigkeit und das Bürgerrecht,* 7 novemb. 1864, § 1 et 3 (*Samml. d. Verordn. d. fr. H. St. Hamburg,*
XXXII, p. 150).

(2) Cf. en général sur le cumul des nationalités fédérales allemandes avant 1870, Falcke, *op. cit.,* p. 3 à 10.

(3) Cogordan, p. 237.

CHAPITRE II.

DU CUMUL DES NATIONALITÉS ACQUISES PAR NAISSANCE.

Application simultanée par des Etats différents du *jus soli* (§ 1)
et du *jus sanguinis* (§ 2). Le droit anglo-américain.

On a vu comment dès la naissance le droit pourvoit à
la nationalité des individus et comment à cet égard il se
réfère soit au seul fait de naître sur le territoire d'un
État, soit au seul fait de naître de parents nationaux
d'un État : nationalité *jure soli* dans le premier cas, nationalité *jure sanguinis* dans le second.

Le système du *jus soli*, pris absolument, peut se ramener à la proposition suivante :

Tout individu né sur le territoire, fût-ce de parents
étrangers est national ; tout individu né hors du territoire, fût-ce de parents nationaux, est étranger.

Le système du *jus sanguinis*, pris absolument, peut se
ramener à celle-ci :

Tout individu né de parents nationaux, est national,
quel que soit le lieu de sa naissance.

On connaît les avantages de ces deux systèmes et
leurs inconvénients.

Le *jus soli* ou système territorial a l'avantage d'atta-

cher la nationalité à un fait facile à prouver. Mais il a
l'inconvénient d'imposer la nationalité, dans un certain
nombre de cas, à des personnes qu'il est absurde de regarder comme membres de l'État sur le territoire duquel
il leur arrive de naître. Par exemple, si les parents n'é-
taient pas domiciliés sur le territoire et si l'enfant a été
emmené et a grandi dans la patrie de ses parents, il
semble contraire à la raison de le considérer comme
membre d'un autre État que celui de son père.

Le *jus sanguinis* ou système de la filiation ne donne
pas prise à cette objection, mais en présente d'autres
aussi graves. La nationalité de l'individu ne peut être
prouvée, qu'en prouvant la nationalité du père ; mais
celle-ci à son tour dépend de la nationalité du grand-
père, et ainsi de suite sans qu'il y ait de fin. De plus,
d'après le *jus sanguinis*, les membres d'une famille ori-
ginairement étrangère mais établie dans l'État pendant
des générations, peuvent garder indéfiniment s'ils le
veulent leur caractère d'étrangers. Et naturellement ils
prendront ce parti toutes les fois que les charges de la
qualité de citoyen seront plus grandes que les inconvénients de la qualité d'étranger : par exemple, dans tous
les États où le service militaire est général et obligatoire.
Dans ces États le *jus sanguinis* arriverait à créer une
classe privilégiée dans la population, une classe exemp-
tée des obligations politiques.

Si on ajoute à ces considérations le respect de traditions juridiques anciennes, le désir d'augmenter le nom-

bre des nationaux à l'aide de l'immigration, on a les causes de la diversité des législations dans la matière qui nous occupe. Selon la politique ou la constitution des États, la qualité de national se trouve ainsi réglée par le système de la filiation ou le système territorial ; bien plus on peut concevoir qu'un individu naisse dans tel pays avec la qualité de national *jure soli*, alors qu'en même temps, il a celle de national *jure sanguinis* dans tel autre pays : c'est là précisément le conflit en question.

En ce qui concerne le *jus soli*, il faut tout d'abord remarquer, que parmi les États modernes, qui en font la base, ou, tout au moins, une des bases de leur nationalité, aucun ne l'applique aux enfants des représentants diplomatiques des autres États.

On a cru devoir en douter en France (1), par cette raison que le Code civil n'excluait pas formellement cette catégorie de personnes de l'application qu'il fait du système territorial. Il semble cependant résulter du caractère international de ces individus, qu'il faille user ici à leur égard d'une immunité analogue à celle qu'on s'accorde à leur reconnaître à d'autres points de vue. Il n'est pas nécessaire de faire intervenir ici la notion d'exterritorialité, notion dont on a tant abusé. On doit considérer les enfants en question comme réellement nés, en effet, sur le territoire de l'État près duquel leurs pères sont

(1) Cogordan, *La Nationalité*, p. 111.

accrédités, c'est-à-dire sur le territoire français, seulement, la loi civile française leur est inapplicable ; ils en sont exempts comme ils sont exempts de la juridiction criminelle (1).

Dans le droit commun anglo-américain, le doute ne saurait être élevé et cela vient du caractère particulier qu'y revêt le *jus soli* ; on verra, en effet, que dans ce système « it is neither *cœlum* nor *solum*, but *ligeantia* and *obedentia* that makes the subject born » (2).

Mais pour que le conflit en question se produise, il ne suffit pas qu'il y ait eu naissance de parents étrangers sur le territoire d'un Etat appliquant le *jus soli*, il faut encore que cette naissance ait lieu dans des circonstances où, selon la législation de cet Etat, il y a lieu de l'appliquer. Dans cette hypothèse, en même temps que le *jus soli* sera appliqué par la loi du lieu de la naissance, le *jus sanguinis* le sera de même par celle de la patrie des parents ; par conséquent la recherche des cas où il y aura cumul de nationalités d'origine revient, en somme, à

---

(1) Cf. dans ce sens, les travaux préparatoires de la loi de 1889 (26 juin) qui a modifié le C. civ. franç. Voir à cet égard le rapport de M. Delsol au Sénat (3 juin 1889), lequel mentionne dans le même sens une lettre de M. le Garde des Sceaux (*Journ. off.*, 1889; Annexes, *Sénat*, n° 160, p. 233). — De même Hall, *Intern. Law*, § 50, n° 2, p. 154. — Monnot et Bonde, *Précis sur la nationalité*, p. 12, note 1. — Cpr. la solution récemment adoptée dans la convention franco-belge du 30 juillet 1891 (art. 5), aux termes de laquelle : « Les enfants d'agents diplomatiques ou de consuls envoyés, conserveront la nationalité de leurs parents, à moins qu'ils ne réclament le bénéfice des lois des pays où ils sont nés ».

(2) Coke, *Rep.*, 6, 18.

l'examen des cas dans lesquels le *jus soli* et le *jus sangui-*
nis sont simultanément applicables à des enfants nés de
parents étrangers.

§ 1. — APPLICATION DU *JUS SOLI*.

Dans le droit moderne, lorsque le *jus soli* sert à déterminer la nationalité, c'est, selon les législations, dans les
circonstances suivantes :

    a) Naissance sur le territoire de l'Etat, quelle que
      soit la nationalité des parents.

    b) Naissance sur le territoire de l'Etat, quelle que
      soit la nationalité des parents, pourvu que ceux-
      ci y soient domiciliés.

    c) Naissance sur le territoire de l'Etat, quelle que
      soit la nationalité des parents, à condition qu'ils
      y soient nés eux-mêmes.

A. La naissance sur le territoire de l'Etat, quelle que
soit la nationalité des parents, est le cas dans lequel
l'application du *jus soli* se fait sentir avec le plus de rigueur et il n'y a guère que les Etats peu peuplés qui en
fassent une base définitive de leur nationalité. Cela paraît
être le système commun à la plupart des Etats de l'Amérique du Sud : c'est celui de la Confédération argentine (1), du Vénézuéla (2), du Chili (3), de la Bolivie (4),

_____

(1) *Conféd. Argentine*, l. 1ᵉʳ octobre 1869, art. 1.
(2) *Vénézuéla*, Constit., art. 6-1°.
(3) *Chili*, Constit., art. 3-1°.
(4) *Bolivie*, Constit., art. 31.

du Brésil (1), de la République dominicaine (2), d'Haïti (3), du Pérou (4), de l'Ecuador (5), de l'Uruguay (6), du Paraguay (7). Les autres États qui ont admis le même système ont reculé devant les conséquences rigoureuses qu'il entraîne. Ils confèrent bien leur nationalité *jure soli* à quiconque naît sur leur territoire de parents étrangers, mais cette nationalité n'est que provisoire.

Les uns, en effet, laissent l'individu, à sa majorité, libre de se prévaloir de la nationalité de son père : ce sont en Europe l'Angleterre (8) et le Portugal (9) ; en Amérique, le Mexique (10).

Les autres cessent de considérer l'individu comme

---

(1) *Brésil*, Constit., art. 69-1° (Promulgation provisoire par décret du 11 juin 1890. — *Journ. dr. int. pr.*, 1890, p. 768).

(2) *St. Domingue*, Constit., art, 7-1°.

(3) *Haïti*, Constit., art. 4.

(4) *Pérou*, Constit., art. 34-1°.

(5) *Ecuador*, Constit., art. 4-1°.

(6) *Uruguay*, Constit., art. 6.

(7) *Paraguay*, Constit., art. 35.

(8) *Angleterre*, Naturalization act, 1870 (33 et 34 Vict. ch. 14), sect. 4.

(9) *Portugal*, C. civ. art. 18-2°. La déclaration d'extranéité peut être faite pendant la minorité par les pères ou tuteurs des enfants.

(10) *Mexique*, Loi du 28 mai 1886, art. 2-II°. Il faut cependant remarquer que, si en Angleterre et en Portugal l'enfant mineur est réputé national *jure soli*, sauf déclaration d'aliénage à sa majorité, il en est autrement au Mexique. Conformément au texte précité, en effet, l'enfant né de parents étrangers au Mexique est tout d'abord réputé étranger *jure sanguinis*, et il reste tel, tant qu'il est sous la puissance paternelle. Mais aussitôt qu'il est affranchi de la *patria potestas*, aussitôt qu'il devient *sui juris*, il est regardé comme mexicain *jure soli* à moins qu'il ne réclame la nationalité de son père.

leur national lorsqu'à sa majorité il n'est pas domicilié dans le territoire. Ce sont en Europe : la France (1), le Danemark (2), la Hollande (3) ; en Amérique : le Guatemala (4), la Costa-Rica (5), l'Ecuador (6).

Il est facile d'apercevoir que, lorsque un individu né de parents étrangers sous l'empire des législations ci-dessus, se trouve d'autre part soumis au *jus sanguinis* par l'effet de la filiation, il se trouve avoir deux nationalités, celle du pays où il est né et celle de la patrie de ses parents.

B. Naissance sur le territoire de parents étrangers qui y sont *domiciliés*.

Certains États pour éviter les inconvénients du *jus soli* absolu, prennent en considération un élément de plus, à savoir le domicile des parents. Le *jus soli* n'est alors applicable aux enfants nés de parents étrangers que si ces derniers sont domiciliés sur le territoire de l'État en question.

Parmi ces États, les uns reconnaissent comme définitive la nationalité ainsi fixée. Ce sont en Amérique, la Colombie (7) ; en Europe, la Hollande (8).

(1) *France*, C. civ. art. 8-4°. Il faut ajouter qu'une déclaration d'extranéité doit accompagner la résidence hors de France.

(2) *Danemark*, Déc. 15 janv. 1776 (d'après le *Natural. Rep.*, p. 66).

(3) *Hollande*, C. civ., art. 5-3°.

(4) *Guatemala* (d'après le *Natur. Rép.*, p. 69).

(5) *Costa-Rica*, Constit., art. 5.

(6) *Ecuador*, Constit., art. 4-2°.

(7) *Colombie*, Const., art. 8-1°.

(8) *Hollande*, C. civ., art. 5-1°. On sait que le domicile a d'ailleurs

Les autres ne font produire au *jus soli* qu'une nationalité provisoire, ce sont en Europe la France (1) et l'Italie (2).

Dans tous les cas, le cumul des nationalités ne s'en produira pas moins, lorsque concurremment avec le *jus soli*, la législation régissant les parents déclarera applicable le *jus sanguinis*.

C. Naissance de parents étrangers nés eux-mêmes sur le territoire.

Enfin le *jus soli* peut n'être appliqué comme base de la qualité de national qu'à la deuxième génération d'étrangers nés sur le territoire de l'État.

En France, depuis 1889 (3), la nationalité est ainsi acquise définitivement.

Jusqu'à cette époque le *jus sanguinis* était la base commune de la nationalité française. Il en était résulté les inconvénients signalés plus haut. Le droit d'option entre la nationalité française et la nationalité étrangère, donné à toutes les personnes nées sur le territoire, était

une influence capitale sur la nationalité d'origine d'après le droit hollandais. En effet — a) pour que les enfants nés de parents étrangers soient néerlandais, il suffit que les parents aient leur domicile en Hollande (C. civ., art. 5-1°) ; d'où même si la naissance a lieu à l'étranger, les parents étant en voyage par exemple, l'enfant est néerlandais (C. civ., art. 5-4°) ; — b) Si les parents ne sont pas domiciliés, il suffira à l'enfant d'élire domicile en Hollande, pour que, né dans le royaume de parents non domiciliés, il soit réputé néerlandais (C. civ., art. 5-3°).

(1) *France*, C. civ., art. 8-4°.

(2) *Italie*, C. civ., art. 8. Les parents doivent être domiciliés en Italie depuis 10 ans au moins.

(3) C. civ., article 8-3°.

en fait rarement exercé. Afin de mettre obstacle à l'accroissement rapide et alarmant de la population étrangère résidant en France et née sur le sol français, la législation française avait été obligée de recourir déjà plusieurs fois, dans une certaine mesure, au système territorial. La loi du 12 février 1851 disposa que toute personne née en France de parents, qui eux-mêmes y sont nés, devraient être considérés comme français, à moins qu'à leur majorité ils ne réclamassent la nationalité de leurs parents. Cette loi, comme on le sait, n'eut pas tout l'effet désiré. La qualité d'étranger fut régulièrement réclamée par les personnes en question et la population étrangère domiciliée en France continua à augmenter. Le 18 décembre 1874 fut alors adoptée une loi amendant la loi précitée de 1851. D'après les nouvelles dispositions, l'individu qui désirait réclamer la nationalité de ses parents devait produire un certificat émané du gouvernement de l'État de ses parents, attestant que cet État le regardait comme son national. Or cela soulevait de nombreuses difficultés pratiques dont on ne tarda pas à s'apercevoir. Enfin le désir d'augmenter par tous les moyens les forces militaires de la France, fit chercher à englober de gré ou de force dans la nationalité française le plus grand nombre d'individus ; un courant d'opinion peu favorable aux étrangers se produisit et finalement la loi du 26 juin 1889 fut insérée au Code civil ; elle en modifiait un grand nombre d'articles, et disposait notamment que l'enfant né en France d'un étranger, y étant né lui-même, était français *ipso jure* et d'une façon définitive. Avant 1889 (1) la nationalité n'était au contraire fixée que provisoirement puisqu'un droit d'option était laissé à l'individu à sa majorité.

Jusqu'ici l'application du *jus soli,* aux enfants nés de parents étrangers sur un territoire donné, résultait de lois écrites faciles, sinon à interpréter, tout au moins à constater. Si on envisage le droit anglo-américain, on se trouve au contraire en présence de nouvelles difficultés. En Angleterre et aux Etats-Unis, en effet, le droit en vigueur est un droit coutumier plus ou moins amendé par les lois écrites ; et en notre matière s'il est vrai de dire que, par le *common law*, le *jus soli* est la base de la nationalité, cependant, il faut remarquer que la notion de ce *jus soli* n'est pas à proprement parler la même que sur le continent.

Pour bien saisir la portée de la doctrine anglaise, il importe de rappeler tout d'abord comment se forma le droit commun sur ce point : cela peut offrir encore un intérêt pratique aujourd'hui : on a eu l'occasion de le remarquer dans une affaire récente (2).

Dans les anciennes tribus germaniques, la qualité de membre de la communauté s'acquérait comme chez les Romains par la descendance. Mais on sait que ce système de droit ne dura point. Pendant la période des mi-

(1) Ancien article 9 du C. civ.
(2) Cf. De Geer *v.* Stone, L. R. 22, Chancer. Divis., p. 243.

grations, du IVᵉ au VIᵉ siècle, ces tribus se fondirent en États monarchiques dans lesquels le lien d'union était la sujétion à l'autorité royale, l'*allégeance* qui s'établissait par un serment (1) : ce n'était donc plus la descendance qui déterminait la nationalité.

Lorsqu'au XIᵉ siècle la féodalité fut introduite en Angleterre par les Normands (2), elle produisit sur cette relation de sujet à souverain un effet différent de celui qu'elle produisit sur le continent ; aucune confusion n'eut lieu, en effet, entre l'obligation spéciale de féalté et l'obligation générale d'allégeance (3). La théorie féodale, d'après laquelle toutes les terres dépendent du souverain, rendit seulement la monarchie plus territoriale et donna une base plus logique au *jus soli*. Mais il n'y eut pas confusion entre les deux devoirs (4). Bien plus, l'obligation féodale du sous-vassal à son seigneur im-

(1) Cf. Spelman, *Glossary*, vᵒ *Ligantia et inde Ligiantia et Allegiantia.*

(2) On suppose ici résolue une des questions les plus controversées de l'histoire de la Grande-Bretagne, mais dont la discussion est en dehors du présent sujet : celle de savoir si le régime féodal a été introduit en Angleterre par les Normands, ou s'il y était déjà connu auparavant. Voir sur ce point : Glasson, *Histoire du droit et des instit. de l'Angl.*, I, pp. 150 et s.

(3) Hale, *Hist. Placit. Coron.* (Nouvelle édit. par Wilson, London, 1778), I, p. 62 : « The oath of fidelity or fealty is of two kinds : i — that which is due by tenure, wether of the King, or of mesne lords, which is ratione feodi vel vassalagii. (On peut en voir la formule dans Littleton, *Inst.*, § 19) ; ii — the other kind of fealty is that oath, which is called fidelitas ligea or allegiance and performed only to a sovereign prince and therefore regularly ought to be performed by all men above the age of twelve years, wether they hold any lands or not ». — Cf. également Fleta, III, cap. 16, sect. 22.

(4) Cf. Hallam, I, p. 167.

médiat n'affectait pas son obligation primitive et supé-
rieure à l'égard du roi « *salva fide et ligeantia domini
regis* ». Cette remarque est d'autant plus utile à faire
qu'on a souvent confondu ces deux points en regardant
le *common law* comme basé sur le principe de la féodalité (1).

Les anciennes lois anglaises (2) parlent de ce serment
d'allégeance dû par tous les individus, indépendamment de tout lien féodal.

Ainsi se forma le droit commun anglais : c'est l'allégeance qui sert de base à la nationalité. C'est bien conforme à ce qu'écrivait Littleton que « l'étranger est
celui qui est né hors de l'allégeance du roi (3) ».

On voit que c'est là le système germanique rappelé
précédemment, celui dont la base réside dans la relation personnelle de l'individu au souverain (4). C'est
ainsi qu'il fut décidé au XVIIᵉ siècle dans la fameuse
affaire *Calvin* (5), si souvent citée en matière de nationalité anglaise, que toutes les personnes nées en Ecosse
après l'accession de James VI (1) au trône d'Angleterre,

---

(1) *Naturaliz. Rep. Co.*, p. 5. — Kelcke, *loc. cit.*
(2) Cf. *Leges anglo-sax.* (Edit. Wilkind), § 52, p. 228. (**Ed.** Lam-
bard, p. 170) : « Statuimus etiam, ut omnes liberi homines fœdere et
sacramento affirment quod intra et extra universum regnum An-
gliœ Willielmo regi domino suo fideles esse volunt, terras et hono-
res illius omni fidelitate ubique servare cum eo et contra inimicos
et alienigenas defendere ».
(3) Littleton, sect. 198.
(4) Cf. Stephen, *Comm.*, II, 430, 431. — Coke, *Inst.*, II, 121.
(5) Calvin's Case, VII Coke, (VII Rep. 5 a).

étaient *natural-born* anglaises, encore que l'union des deux royaumes ne fût à cette époque qu'une union toute personnelle. C'est ce qui fut évité, d'autre part, par l'*Act of settlement* à l'égard des sujets hanovriens de George I et de ses successeurs.

L'allégeance donne ainsi la portée et l'étendue du *jus soli* d'après le *common law* anglais : c'est la naissance dans le domaine royal, c'est-à-dire, la naissance « under the *actual* (1) obedience of the King », qui fait de l'individu un sujet. Il serait par conséquent inexact de regarder comme critérium de la sujétion le fait de naître dans ou en dehors d'un lieu déterminé (2), le véritable critérium est le fait de naître *dans* ou *en dehors de l'allégeance* ; or on conçoit aisément que cette dernière peut ne pas coïncider forcément avec un lieu précis et limité ; elle peut, par exemple, s'étendre en dehors de l'Angleterre. C'est d'ailleurs là solution admise

---

(1) Dans Calvin's Case, *loc. cit.* « It is termed *actual obedience* because the King of England hath absolute right to other kingdoms or dominions, as France, Aquitaine, Normandy,... yet seing the King is not in *actual* possession thereof, none born there since the crown of England was out of actual possession thereof are subjects to the King of England. The place is observable, but so as many times ligeance or obedience, without any place within the King's dominions may make a subject born; but any place within the King's dominions without obedience can never produce a natural born subject,... ».

(2) Stephen (*op. cit.*, II, 435) prête à l'équivoque, lorsqu'il regarde comme *natural-borns* « all persons born within the united Kingdom, or in the colonies ».

par les auteurs (1) et par la jurisprudence (2).

Il en résulte que les enfants nés sur le territoire anglais de parents étrangers, doivent être regardés comme anglais en vertu du *common law*, à moins que leurs parents ne se trouvent sur ce territoire qu'en qualité d'ennemis du souverain (3).

Il en résulte, en second lieu, que les enfants nés hors de la puissance du roi sont étrangers même si leurs parents sont anglais.

Tel est le droit commun. Une série de statuts furent rendus cependant, qui s'inspirèrent d'un esprit de plus en plus large pour accorder la qualité de sujet anglais à

---

(1) Cf. Coke., *Inst. of the laws of Engl. or a comm. up. Littleton* (15° éd. Harg.), 129 b. — Molloy, *De jure maritimo*, p. 246. — W. H. H. Kelcke, *Law Magaz. and Rev.*, VIII, 1883 (4° *série*), p. 297 et s.

(2) Craw *v.* Ramsay, Vaughan, 281 ; — Littleton dans ses *Reports* dit: « Nest lieu de nestre, que fait alien de allegiance... ; » et: « sont 3 Incidents al Alien ; Primo, Doet êe née in partibus transmarinis ; 2 South le obedience d'un auter Roy ; 3 que ses Parents sont dehors actual obedience al nostre Roy » (Les Reports de tr. Honor. Edw. Seign. Littleton..., de ses Majesty pluis honourable Priv. Councel en le C. del Comm. Banck and Excheq. etc... (London 1683), p. 26 et 27). — Dans Calvin's Case (VII Co. *Rep.*, p. 31) « There be regurlarly three incidents to a subject born. 1 That the parents be under the actual obedience of the King ; 2 That the place of his birth be within the King's dominion; and 3 The time of his birth is chiefly to be considered, for he cannot be a subject born of one kingdom that was born under the ligeance of a King of another kingdom, albeit afterwards one kingdom descend to the King of the other ».

(3) Stephen, *loc. cit.* — Littleton omet cette hypothèse ; le présomptueux anglais ne prend pas la peine, comme on l'a fait remarquer (Kelcke, *op. cit.*), d'envisager même la possibilité d'ennemis occupant un château ou un fort, dans son pays.

un plus grand nombre de personnes, et qui mirent fin,
de la sorte, à certaines difficultés.

Le doute le plus sérieux qui ait été alors soulevé, si
tant est qu'on puisse douter de la conséquence logique
d'un principe admis, concernait les enfants nés de
parents anglais « without the legiance of the King ». —
a) A l'égard des enfants du roi, nés dans ces conditions,
le doute fut levé de suite : on leur reconnut la qualité
d'anglais comme conséquence du droit commun (1). —
b) A l'égard des enfants nés hors de l'allégeance britannique, de parents au service de la couronne (la question
s'est posée récemment encore au sujet d'enfants de
militaires), il paraît également conforme au droit commun de les traiter comme anglais (2). — *c*) Quant aux
enfants nés de parents anglais indépendants de tout service royal, le doute fut élevé par une loi du règne

(1) La question avait été soulevée devant les Lords, au milieu du
XIVe siècle, sous Edward III (1343), par l'archevêque de Canterbury,
au sujet de la capacité d'hériter des enfants du roi. Cf. *Rotuli Par-
liam.*, V, II, p. 139 (A. D. 1343). 17 Edw. III, § 19. De heirs neez delà
la mière. — Les Lords convinrent que sans aucun doute les enfants
royaux étaient capables, mais qu'il y avait plus de difficulté pour
les enfants nés de parents anglais ordinaires. Comme les rapports
de l'Angleterre avec le continent se développaient chaque jour davantage, tant par le commerce que par la guerre, et comme des cas
pressants se présentaient à tout instant, la question fut portée au Parlement et huit ans après paraissait l'*Act for those that be born beyond
sea*, qui les déclarait sujets anglais (25 Edw., III, st. 2).
(2) Cf. Calvin's Case, VII, Coke 18 a. — Kelcke, *loc. cit.*, sur De Geer
v. Stone (L. R. 22, Chanc. Div., 243 ; 52, L. J., (n. s.) Ch. Div., 57).
On trouvera encore l'exposé de cette affaire dans le *Journ. dr. int.
pr.*, (1883), X, p. 192.

d'Edward III (25, Edward III, st. 2), qui, d'après les uns (1), ne fut qu'une déclaration du *common law*, et qui, d'après les autres, inaugura, au contraire, un régime juridique tout nouveau : on sait d'ailleurs que le but principal de ce statut n'était que d'accorder aux enfants en question la capacité successorale des sujets anglais. Ce ne fut que par le statut rendu par la reine Anne en faveur des protestants (2), que la qualité pleine et entière de sujets anglais leur fut reconnue « *to all intents, constructions and purposes whatsoever* ». — Enfin la même solution fut étendue au XVIIIᵉ siècle par 4 Geo. II, chap. 21, sect. 1 (en 1731) et par 13 Geo. III, ch. 21 (en 1773), aux enfants et petits-enfants paternels des individus issus de parents anglais à l'étranger (3).

Le système territorial exigeait que toutes ces personnes fussent considérées comme étrangères et le *common law* les regardait comme telles. Si le *jus soli* devait être écarté à leur égard, si les enfants et petits-enfants de sujets anglais devaient être regardés comme Anglais,

(1) Par exemple le C. J. Hussey dans 1 Richard III, et Lord Bacon dans Calvin's Case.

(2) 7 Anne, ch. 5, sect. 3 (A. D. 1708) *An act for naturalizing foreign protestants* (St. at. 1. XI). Cet act, sauf la clause visant les enfants issus de sujets anglais à l'étranger, fut abrogé par 10 Anne, ch. 5.

(3) Comme l'ont fait remarquer les commissaires royaux en 1869, on voit que la doctrine soutenue par Lord Bacon sur la transmission de la nationalité britannique ne laissait pas que d'être incertaine, puisque les statuts de la reine Anne et de Georges II, ayant attribué cette nationalité aux enfants des sujets britanniques, furent jugés insuffisants à l'égard des petits-enfants, et qu'un autre statut fut regardé comme nécessaire (*Nat. Rep. Comm.*, p. 7).

quel que fût le lieu de leur naissance, il eût semblé rationnel que la même règle, c'est-à-dire celle du *jus sanguinis*, dût être appliquée aux enfants d'étrangers nés en Angleterre. Or ici la règle territoriale fut gardée, elle est encore en vigueur, et les enfants d'étrangers naissent anglais sur le sol britannique.

Si l'on cherchait à expliquer un développement juridique aussi hésitant et la rareté des transformations partielles d'un droit aussi complexe, on pourrait faire les considérations suivantes. En Angleterre, comme partout ailleurs, les étrangers étaient soumis, jusqu'au présent siècle, à de graves incapacités civiles. On connaît la plus importante, qui était l'incapacité de détenir la propriété réelle (1). Ce fut pour l'écarter que la nationalité anglaise fut tout d'abord étendue aux enfants nés à l'étranger, de parents anglais ; l'Act de 25 Edw. III, rappelé plus haut, fut un acte en faveur des « *children heritors* ». C'était surtout pour échapper à cette incapacité que les étrangers en général demandaient et obtenaient des lettres de denization ou des *acts* de naturalisation. Or ce

(1) On sait ce qu'il faut entendre en droit anglais par « *real* » property : c'est le droit dont la durée est perpétuelle ou à vie et dont l'objet est immeuble : la « *personal* » property (*chattels*) est le droit qui manque d'une de ces deux conditions, ainsi l'immeuble tenu pour un terme certain n'est pas l'objet d'un droit de propriété réelle mais d'un chattel. — Cf. Blackstone, *Comm.*, II, p. 16. — Stephen, *Comm.*, I, p. 167 et la note. — Glasson, *Hist. du dr. et des inst. de l'Angl.*, VI, p. 315, § 290. — Ce serait donc à tort qu'on confondrait cette division des biens avec la division entre les immeubles et les meubles. Cf. Holland, *Jurispr.*, p. 89. — Sumner Maine, *Early law and Custom*, ch. X (trad. fr., p. 455).

furent précisément ces tentatives faites en vue d'adoucir
les effets du *common law* sur les étrangers qui rendit
inconsistante avec elle-même la loi anglaise sur la nationalité. Le complet rejet du *jus soli* eût pu obvier à
cette inconsistance ; mais un semblable changement ne
pouvait avoir lieu sans entraîner de nouvelles difficultés :
l'abrogation du *jus soli* eût rendu les enfants d'étrangers,
nés et amenés en Angleterre, incapables de détenir la
propriété réelle. La réforme du droit sur la nationalité
anglaise était donc bloquée par la nécessité de réformer
d'abord la loi sur les étrangers. On sait par suite de
quels préjugés irrationnels et d'appréhensions sans fondement cette dernière réforme fut successivement re-
tardée. Ce n'est qu'en 1870 qu'un seul et même statut
est enfin venu réviser le droit sur les étrangers et sur la
nationalité.

Au point de vue de la nationalité d'origine, le *naturalization Act* 1870 (1), n'est d'ailleurs venu modifier
l'ensemble du système qu'en ce qui touche à la perpétualité de l'allégeance : la section 4 de cet *act* donne à
l'individu né anglais *jure soli* et en même temps étranger *jure sanguinis*, un droit d'option pour la nationalité
qu'il préfère ; il en est de même de l'individu né à l'é-
tranger de parents anglais, anglais lui-même en vertu
des statuts rappelés plus haut, et qui, en même temps,
est regardé par l'État sur le territoire duquel il est né,
comme un national.

(1) 33 et 34, Vict., chap. 14.

Malgré ce droit d'option, on conçoit aisément comment une pluralité de sujétions pourra encore se produire : il suffira que ce droit ne soit pas exercé ; mais, même s'il est exercé, jusqu'à la majorité, il y aura conflit.

Encore plus que le droit anglais, le droit américain sur la nationalité d'origine offre de grandes difficultés pratiques (1).

Lorsqu'en 1776 les colonies d'Amérique se séparèrent de la Grande-Bretagne, elles se formèrent en États indépendants et un premier traité de confédération et de perpétuelle union fut conclu à Philadelphie. Ces nouveaux États réclamèrent alors pour eux-mêmes l'allégeance que leurs habitants devaient jusqu'alors à la couronne britannique, et le 4 juillet la célèbre déclaration du gouvernement fédéral, signée par J. Hancock portait « that these united colonies are, and of Right ough to be free and Independant States, and that they are absolved from all allegiance to the British Crown (2). » Le traité du 3 septembre 1783 conclu avec la Grande-Bretagne donna à cette dissolution une sanction légale.

(1) Il est curieux de remarquer combien la notion même d'une nationalité que les Américains estiment si haut est restée et est encore douteuse et incertaine. L'Attorney général Bates le faisait remarquer en 1862 : «.... eighty years of practical enjoyment of citizenship, under the Constitution had not sufficed to teach us either the exact meaning of the word or the constituents elements of the things we prize so highly » (Bates, On citiz., p. 3). — La Cour suprême faisait la même observation dans Slaughter-House'Cases (XVI Wall (U. S.) Rep. p. 36).

(2) Declarat. of Indep. Jul. 4, 1774 (dernier alinéa). The fed. and st. Const. colon. chart. and oth. org. laws of the U. St. A., part. I.

Il exista ainsi, dès le début, en plus de l'idée d'allégeance due à chaque État, l'idée d'une allégeance plus générale due à l'Union, idée nationale exprimée par les premiers mots de la Constitution du 17 septembre 1787 : « *Nous, le* peuple *des États-Unis*..... » Cette citoyenneté à double face (*state-citizenship, national-citizenship*) souleva bien quelques difficultés ; mais il est admis aujourd'hui que le citoyen des États-Unis doit sa première et sa plus haute allégeance à l'Union et non à l'État particulier dont il est membre (1).

Comme la Constitution de 1787 n'établissait aucune règle sur la nationalité américaine, la matière resta régie par le droit subsidiaire du pays, c'est-à-dire par le *common law* anglais (2). Le principe fut, par conséquent, — *a*) que toute personne née en dehors de la souveraineté était étrangère ; — *b*) que toute personne née dans les limites de la souveraineté américaine était américaine.

---

(1) Cf. Kent, *Commentaries on amer. law* (13e éd. Boston, 1884), II, § 44. — Abbott, *Nation. Dig.* Vo *citiz.*, § 2, *in fine*. — Plauter's Bank *v.* St. John. 1 Woods, p. 585. — VI Wheaton, p. 38. — XIV Howard, p. 20. — U. St. *v.* Greiner. IV, Phila., p. 496. — Ableman *v.* Booth, et U. St. *v.* Booth. 21 Howard, p. 507 (Dec. term. 1858). — La supériorité de la citoyenneté fédérale sur la citoyenneté d'État déjà admise en 1835, dans The State *v.* Hunt (South Carolina), 2 Hill (S. C.), p. 1. — Voir d'ailleurs : sur le *state-citizenship*, Draper *v.* Johnson, Clark and H. p. 702 ; sur les caractères qui le distinguent du *national* — ou U. St. *citizenship*, Cush. El. Cas. 343 ; — Constit. art. 4, sect. 2 ; — Corfield *v.* Coryell. V Wash. C. C., p. 371 ; — Conner *v.* Elliot, 18 Howard, p. 591.

(2) Cf. Kent, *Comm.* II, 46 et 49. — *Op. att. gen. U. St.*, VIII, p. 139.

Chacune de ces propositions mérite d'être envisagée séparément.

a) *Personnes nées à l'étranger de pères citoyens.* — D'après le *common law* toute personne née hors de la souveraineté de l'État est étrangère. Le *Naturalization Act* du 26 mars 1790, l'act du 14 avril 1802, et enfin l'act du 10 février 1855 sont venus modifier la règle territoriale : d'après ce dernier act (1), encore en vigueur aujourd'hui, les enfants nés à l'étranger de pères citoyens qui ont résidé aux États-Unis, sont déclarés citoyens. On voit par là que le *statute law* a introduit dans le droit américain la même inconsistance, qu'avaient introduit en Angleterre les statuts anglais rappelés précédemment.

b) *Personnes nées aux États-Unis de parents étrangers.* — Leur situation offre plus de difficultés. Jusqu'en 1866, la règle, d'après laquelle toute personne

---

(1) *St. at. l.*, X, p. 604, c. 71, s. 1. — *Revis. St. U. St.*, tit. XXV, sect. 1993. « All children heretofore born or hereafter to be born out of the limits and jurisdiction of the U. St. whose fathers were or may be at the time of their birth citizen thereof, are declared to be citizens of the U. St.; but the rights of citizenship shall no descend to children whose fathers never resided in the U. St. ». — On remarquera que ces individus sont déclarés être « *citizens* » et non « *natural born* citizens » cette différence de terminologie, qui n'offre pas d'ailleurs d'intérêt pratique, laisse bien voir le caractère territorial du droit américain sur la matière en question. L'expression « *natural born* citizen » n'est, en effet, selon les auteurs, que la reconnaissance et l'affirmation d'un principe, « that the people born in a country do constitute a nation, and as individuals are *natural* members of the body politic ». Att. gen. Hon. Edw. Bates (*Op. att. gen. U. St.*, X, p. 382 et s. (29 nov. 1862 au sujet de l'affaire des *Negroes masters of vessels*).

9

née dans les limites de la souveraineté était américaine, ne paraît pas avoir été modifiée (1). Or il est facile d'apercevoir, d'après ce qui a été dit au commencement de ce chapitre, qu'un cumul de nationalités devait nécessairement en résulter. Aussi a-t-on cherché à y porter remède.

En 1866, l'act sur les droits civils (2) et, en 1868, le 14ᵉ amendement à la Constitution ont apporté chacun, sur la nationalité de naissance, une définition un peu différente qui est venue jeter un certain doute sur la question. Aussi, pour connaître le droit en vigueur aujourd'hui, convient-il d'examiner ces définitions dans leurs rapports l'une avec l'autre et, d'autre part, avec la règle du *common law*.

— *Définition du « Civil Rights Act 1866 »*. — La définition contenue dans le *Civil Rights Act* 1866 et insérée dans les Revis. Stat., sect. 1992, est la suivante :

« Toutes personnes nées aux États-Unis et non sujettes à un autre pouvoir étranger, à l'exclusion des Indiens non taxés, sont déclarées être citoyens des États-Unis » (3).

---

(1) Cf. l'opinion de l'Assistant Vice Chancellor Sandford dans l'affaire Linch v. Clarke (1 Sand. Ch. Rep., p. 585) ; l'opinion de l'Att. gen. Hon. Edw. Bates dans l'affaire de Mrs. Preto et fille (6 août 1862) *Op. att. gen. U. St.*, X, p. 321 et s. et surtout p. 328 où il déclare « I am quite clear in the opinion that children born in U. St. of alien parents, who have never been naturalized, are native-born citizen of the U. St... »

(2) *Stat. at l.*, XIV, p. 27, c. 31.

(3) Revis. St., sect. 1992 : « All persons born in the United States, and *not subject to any foreign power*, excluding Indians not taxed, are declared to be citizens of the U. St. ».

Cet act confirme bien le *jus soli*; mais il en exclut deux classes de personnes. — *a)* Il est tout d'abord inutile d'insister sur l'exclusion des Indiens non taxés. Cela n'était guère utile à mentionner dans la loi, puisque, comme on le sait, ils ne sont pas de droit commun citoyens des États-Unis, étant nés hors de l'*actual obedience* de l'Union. — *b)* Il est plus intéressant de constater l'exclusion de toutes les personnes sujettes à un pouvoir étranger. La disposition est conçue dans un esprit de *comitas inter gentes* : elle est en harmonie avec les législations étrangères, puisque la loi américaine sur la nationalité ne doit être appliquée qu'à défaut de la loi étrangère. Le législateur ne pouvait guère aller plus loin, comme on l'a fait remarquer (1), soit dans l'observation de cette *comitas inter gentes,* soit dans le sacrifice de la dignité nationale.

Quelque claire cependant que paraisse être la disposition en question, son application pratique ne laisse pas que de présenter des difficultés.

Comment les Cours américaines peuvent-elles déterminer si une personne est sujette d'un pouvoir étranger? Ce n'est ni dans le droit privé américain, ni dans le droit international qu'il faut chercher la réponse à cette question, mais seulement dans les diverses lois privées étrangères. De plus, les juges américains, pas plus que les agents diplomatiques ou les consuls, ne

---

(1) Edm. Munroe Smith, *Cyclopæd. of politic. Sc.*, etc .. édit. by J. J. Lalor (New-York, 1888), v° *Nationality, Law of.*

paraissent compétents pour décider de la question de nationalité d'après les lois étrangères.

Il résulte de ces considérations que l'interprétation exacte de la section 1992 paraît devoir être la suivante : *Prima facie*, un individu né aux États-Unis, est citoyen américain, mais il lui est possible à lui, et il est possible à toute personne intéressée à attaquer sa citoyenneté, de démontrer qu'il est réclamé par le pays de son père *jure sanguinis*. Jusqu'à ce que une semblable réclamation soit faite par un gouvernement étranger, ou, jusqu'à ce que la possibilité de cette réclamation soit prouvée, la personne née aux États-Unis doit être considérée comme citoyen.

Il faut remarquer d'ailleurs que cette réclamation n'aboutira pas toujours, puisque la personne en question peut avoir perdu sa nationalité étrangère, ou que son père peut l'avoir perdue avant la naissance de l'enfant par suite d'une absence ou de services pris à l'étranger par exemple.

Définition du 14ᵉ amendement 1868. — La définition de la nationalité de naissance contenue dans le 14ᵉ amendement à la Constitution, et adopté le 28 juillet 1868, est la suivante :

« Toute personne née ou naturalisée aux États-Unis et soumise à leur juridiction est citoyenne des États-Unis et de l'État dans lequel elle réside..... » (1).

----

(1) *Articles in addition to, and amendment of, the Constitution of the U. St. A. etc..*, art. XIV, sect. 1. « All persons born or naturalized

Deux systèmes ont été proposés pour l'explication du 14ᵉ amendement.

D'après un *premier système* le 14ᵉ amendement reproduit simplement la règle du droit commun : il investit de la citoyenneté américaine toute personne née sur le territoire des États-Unis, ou, pour mieux dire, née sous la juridiction des États-Unis. Or, excepté les envoyés des puissances étrangères (1) et les membres de leur famille, excepté les membres des tribus indiennes (2) reconnues par le Gouvernement comme communautés politiques distinctes, toute personne est soumise à la juridiction des États-Unis, tant qu'elle est sur leur territoire. Sur le territoire américain l'étranger n'est pas moins soumis (*subjected*) que le citoyen à la juridiction des Cours américaines (juridiction *strictissimo sensu*) et à l'autorité générale du Gouvernement américain (juridiction *latissimo sensu*). D'après le droit commun, les étrangers sont les sujets temporaires de l'État dans lequel ils résident et séjournent ; ils doivent au souverain qui leur donne asile dans ses domaines une allégeance temporaire, locale (3). La phrase « *born subject*

in the U. St. and subject to the jurisdiction thereof, are citizens of the U. St., and of the State wherein they reside ».

(1) Cf. Saughter House Case, XVI Wallace, p. 73.

(2) Cf. Mc. Kay *v.* Campbell, II Sawyer, p. 118.

(3) Cf. Kent, *Comm.*, II, 63 *in fine* et 64. — M. Just. Story, dans III Peters U. S. R., p. 155 ; Voir sur la distinction entre l'allégeance locale ou temporaire et l'allégeance naturelle autrefois réputée perpétuelle, Morse, *Citizensthip by birth and naturalization* (Boston, 1881), § 127, p. 157.

to the jurisdiction » est par conséquent l'équivalent de l'expression du droit commun « *born under the actual obedience* (1) ».

La Constitution, d'après ce système, investit donc de la citoyenneté toute personne née sous la juridiction et l'obéissance due aux États-Unis, sans qu'il y ait à s'occuper de la nationalité des parents ou des réclamations des États étrangers. Elle ne fait d'exception que pour les personnes placées hors de l'*actual obedience* des États-Unis.

Le *civil rights act*, comme on l'a vu, en disposait autrement. Mais on remarquera que, si la qualité de citoyen est conférée par la Constitution, elle ne peut être enlevée par un *act* du Congrès, et qu'ainsi la disposition du *civil rights act* 1866 est annulée par l'amendement de 1868.

On fait, d'autre part, observer que si un sentiment de *comitas inter gentes* avait dicté l'acte de 1866, aucune préoccupation de ce genre ne présida à la confection du 14ᵉ amendement, dont le seul et unique but était d'établir la citoyenneté des nègres (2).

Ce premier système est celui qui est notamment suivi par la Cour de New-York.

D'après un *deuxième système*, soutenu par la Cour

(1) Cf. Mc. Kay *v.* Campbell, II Sawyer, p. 118. C'est d'ailleurs en ce sens qu'avait toujours été interprété le droit commun. Cf. U. St. *v.* Rhodes, I Am. Law Times Rep., p. 22. — Spencer, *v.* Board..., I, Mc. Arthur, p. 169.

(2) Cf. Lynch *v.* Clarke, Sandford's Ch. N. Y. Rep., p. 585; — Munro *v.* Merchant, XXVI Barbour's Ch. N. Y. Rep., pp. 383, 400, 401 ; — Look Fin Sing, X, U. St. R., p. 353.

suprême (1), le 14ᵉ amendement n'a rien modifié
à l'act de 1866 ; la naissance dans les limites territoriales des États-Unis ne suffit plus pour conférer la qualité de citoyens américains. « Il faut en outre, a-t-on
dit, que les parents soient *soumis à la juridiction des
États-Unis*, pour employer les termes de l'amendement,
et qu'ils *ne soient pas sujets d'un autre pouvoir étranger*,
pour répéter ceux de l'act du congrès (2) ». Des parents étrangers résidant temporairement, ou en passage, sur le territoire des États-Unis, ne sont pas dans le
sens de l'amendement ou de l'act de 1866, soumis à
la juridiction des États-Unis ; ils sont, dit-on, soumis à
un pouvoir étranger, celui dont ils sont citoyens (3).

Sur ce deuxième système, il sera permis de faire
observer : — 1° que ni le texte de l'act de 1866, ni
celui de l'amendement ne parlent de la citoyenneté des
parents ; — 2° que l'effet du droit commun est précisé-

(1) Cf. Elk *v.* Wilkins, CXII, U. St. S. Ct., p. 94. Voir dans le
même sens, A. Porter Morse, *op. cit.*, p. 17, note 5, et *De l'acquisition de la nationalité aux États-Unis*, dans le *Journ. dr. int. pr.*, 1887,
p. 32. Quelle que doive être la réserve d'un auteur français à l'égard
d'un auteur étranger au sujet de la législation nationale de ce dernier, il sera permis de trouver bien absolue la formule énoncée par
M. Porter Morse en tête de l'article précité. Il y donne, en effet,
comme la base de la nationalité américaine, le pur *jus sanguinis*.
Or on a vu précédemment que le *common law*, fondement indénia-
ble du droit américain, partait du principe opposé, et, d'autre part,
on voit ici que les modifications que le *statute law* a voulu y apporter sont loin d'être hors de contestation.

(2) P. Morse, *J. dr. int. pr. (loc. cit.)*, p. 35.

(3) P. Morse, *ibid.*

ment de faire naître sous sa juridiction ceux qui naissent sur son territoire.

Il paraît par conséquent inexact de regarder les mots
de l'amendement « soumis à leur juridiction », comme
une condition exclusive des individus nés aux États-
Unis de parents étrangers ; ces mots ne font au contraire que rappeler le principe général et on pourrait
lire le texte ainsi : est citoyen américain toute personne
née aux États-Unis, et comme telle soumise à leur juridiction (1).

On peut donc considérer le droit américain sur la
nationalité, comme basé sur le *jus soli*, et par là comme
particulièrement propre à donner lieu à une pluralité
de nationalités. On verra d'ailleurs plus loin comment
la pratique diplomatique du gouvernement de Washington et la jurisprudence des Cours de justice, résolvent
en fait les difficultés qui naissent d'un semblable système.

§ 2. — *APPLICATION DU* JUS SANGUINIS.

Ayant vu dans ce qui précède, quand et comment le
jus soli est applicable aux individus nés dans un pays
de parents étrangers, pour savoir les cas dans lesquels
il y aura conflit, il suffira maintenant d'envisager quand
et comment le *jus sanguinis* sera simultanément appli-

_____

(1) E. Munroe Smith, *loc. cit.* — C'est ainsi que la nationalité américaine est considérée par Hall, *Int. Law* (2ᵉ éd.), p. 204.

cable à ces mêmes individus, par la patrie de leurs parents.

L'application du *jus sanguinis*, dans la présente hypothèse, n'a rien d'extraordinaire de la part des pays dont les législations en font leur base absolue, c'est-à-dire l'Autriche (1), la Hongrie (2), l'Allemagne (3), la Suède (4), la Norwège (5), la Suisse (6), la Grèce (7), en Amérique, la République de la Costa-Rica (8), en Asie, la Chine (9).

Il est plus curieux de remarquer que les États modernes, dont la législation a été signalée précédemment comme appliquant le *jus soli* aux individus nés sur leur

---

(1) *Autriche*, Oesterr. bürg. G. B., § 28, et Heimatges, 2 déc. 1863, § 6.

(2) *Hongrie*, Ung. ges., art. 50 de 1879 (loi 20 déc. 1879, art. 2. *Ann. lég. étr.*, 1879, p. 351).

(3) *Allemagne*, Loi 1 juin 1870, § 3.

(4) *Suède* (d'après Cogordan, p. 38).

(5) *Norwége*, Loi du 21 avril 1888, art. 1.

(6) *Suisse* (d'après Cogordan, p. 38). Cf. notamment *Bürgerl. G. B.* du canton de Lucerne, § 20 ; — id. du canton de Zurich, § 647.

(7) *Grèce*, C. civ., art. 14.

(8) *Costa-Rica*, Loi du 20 décembre 1888, art. 1-1º.

(9) *Chine.* On sait que la nationalité chinoise est acquise par le seul fait de naître de parents chinois, Il suffit pour l'individu de prouver que son père était originaire d'une province de Chine. Dans les villes étrangères, où se trouvent des centres de population chinoise, chaque individu appartient à une corporation ou club (*houei-kouan*), composée de Chinois de sa province ou de sa préfecture d'origine, qui lui servent de répondants en cas de besoin. (*Note communiquée par la légation de France à Pékin.*) — La condition des Chinois est d'ailleurs particulièrement assurée à Bornéo par la création du « *Chinese Advisory Board* » créé en 1891 par le Gouverneur du *British North Borneo*.

territoire de parents étrangers, prennent au contraire le *jus sanguinis*, d'une façon plus ou moins absolue, il est vrai, comme base de la nationalité des individus nés hors de leur territoire de parents nationaux.

En ce qui concerne le droit anglo-américain, on a eu déjà l'occasion de le faire remarquer : la Grande-Bretagne (1) et les États-Unis (2) reconnaissent aujourd'hui, comme leurs nationaux, les individus nés *abroad* de parents nationaux (3).

Quant aux autres États, les uns déclarent absolument et définitivement que ces individus sont leurs nationaux. Ce sont la France (4), la Belgique (5), la Hollande (6),

(1) 25 Edw. III, st. 2 (A. D. 1350). *Of those that be born beyond sea. In what place bastardy pleaded against him that is born out of the realm shall be tried* (St. at. 1. vol. II) ; — 7 Ann. ch. 5, sect. 3 (A. D. 1708). *An act for naturaliz. foreign protest.* (St. at. 1. vol. XI). — 4 Geo. II, ch. 21 (A. D. 1731). *An act to explain a clause in an act made in the seventh year of the reign of H. l. M. Q.* Anne For naturalizing foreign Protestants, *which relates to the children of natural-born subjects of the Crown of Engl., or of Gr. Brit.* (St. at. 1. vol. XVI). — 13 Geo. III, ch. 21 (A. D. 1773). *An act to extend the provisions of an act, made in the fourth year of the reign of H. l. M. K. George II, intituled* Act to explain a clause......, which relates to the children of natural-born subjects of the crown of Engl., or of Gr. Brit., *to the children of such children* (St. at. 1. vol. XXX, ou VI, 2ᵉ série).

(2) *Revis. St. U. St.*, sect. 1993.

(3) Avec cette particularité, mentionnée également plus haut, que d'une part, en *Angleterre*, toute personne née hors de la souveraineté britannique, d'un père sujet britannique, peut déclarer renoncer à sa qualité d'Anglais (*Naturalization Act* 1870, sect. 4-2° ; 33 et 34 Vict., ch. 14) ; et d'autre part, qu'aux *U. St.*, pour que le *jus sanguinis* soit applicable, les parents doivent avoir résidé aux États-Unis (Rev. St., sect. 1993 *in fine*).

(4) *France*, C. civ., art. 8-1°.

(5) *Belgique*, C. civ., art. 8-1°.

(6) *Hollande*, C. civ., art. 5-2°.

l'Italie(1), l'Espagne (2), le Danemark (3), la Turquie(4), Monaco (5), et dans le Nouveau-Monde le Mexique (6).

Les autres appliquent bien le principe de la filiation, mais ils prennent cependant d'autre part, en quelque considération, le *jus soli* : leurs législations font dépendre l'application du *jus sanguinis* d'un retour dans la mère-patrie. C'est ce qui a lieu dans le Nouveau-Monde, en Bolivie (7), au Chili (8), en Colombie (9), à St-Domingue (10) ; parfois une simple option est suffisante ; c'est ce qui a lieu en Portugal (11) et dans la Confédération Argentine (12). Parfois enfin il faut une élection de domicile accompagnée d'une déclaration ; c'est ce qu'exige la loi du Vénézuéla (13).

On s'aperçoit que, abstraction faite des quelques différences ci-dessus signalées, ces cas d'application du principe de la filiation sont précisément les mêmes que ceux du principe territorial, tels qu'ils ont été rappelés au commencement de ce chapitre. Les circonstances

(1) *Italie*, C. civ., art. 4.
(2) *Espagne*, C. civ., art. 17-2° et Constit., art. 1-1°.
(3) *Danemark*, Loi du 15 janvier 1776, § 1.
(4) *Turquie*, Loi du 19 janvier 1869, art. 1.
(5) *Monaco*, C. civ., art. 10, al. 1.
(6) *Mexique*, Loi du 28 mai 1886, art. 1-III.
(7) *Bolivie*, Constit., art. 32-1°.
(8) *Chili*, Constit., art. 6-2°.
(9) *Colombie*, Constit., art. 8-1°, al. 2.
(10) *St-Domingue*, Constit., art. 7-2°.
(11) *Portugal*, C. civ., art. 18-3°, et Constit., art. 7-2°.
(12) *Conféd. Argentine*, Loi du 1er octobre 1869, art. 1-2°.
(13) *Vénézuéla*, Constit., art. 6-2°.

dans lesquelles le *jus soli* est pris par certains États comme base de la nationalité, sont les mêmes que celles où le *jus sanguinis* est également adopté par d'autres États. Et on comprend que, dans ces hypothèses, l'application simultanée des deux principes donne forcément naissance à la situation de droit en question. L'individu né en France, par exemple, de sujets belges, allemands ou anglais, qui eux-mêmes y sont nés, est à la fois français et belge, allemand ou anglais. Cette réunion de plusieurs nationalités sur une seule et même personne est le résultat inévitable de la diversité des lois sur la nationalité.

CHAPITRE III

La naissance hors mariage, comme la naissance légitime, est susceptible d'entraîner une double nationalité.

1° Il suffira, tout d'abord, pour cela, qu'à un même enfant naturel le principe de la filiation soit appliqué concurremment avec le principe territorial. On remarquera, d'ailleurs, que les pays qui font du *jus soli* la base de leur nationalité n'ont pas de raison de distinguer, dans son application, entre les enfants légitimes et les enfants nés hors mariage. Puisque c'est au lieu de la naissance que s'attache la loi et non à la filiation, qu'importe que celle-ci soit légitime ou non ? Aussi les solutions données précédemment sur l'application du *jus soli* doivent-elles être appliquées ici. Je me borne à y renvoyer. — Quant au système de la filiation, on n'en peut parler que pour les enfants naturels dont les parents sont légalement connus à la suite d'une reconnaissance ; la France (1), l'Allemagne (2), la Belgique (3),

---

(1) *France*, C. civ., art. 8-1°.
(2) *Allemagne*, L. 1er juin 1870, art. 3 et 4.
(3) *Belgique*, C. civ.

la Grèce (1), la Hongrie (2), l'Italie (3), le Mexique (4), la Norwège (5), appliquent ce système.

Comme dans le cas de naissance légitime, l'application simultanée du *jus soli* et du *jus sanguinis* entraînera nécessairement une double nationalité pour celui qui en sera l'objet.

2° Mais en matière de naissance hors mariage, l'application du *jus sanguinis* seul peut également aboutir à un conflit : il suffit de supposer, en effet, que les parents étant de nationalités différentes, la patrie de l'un s'attache à la filiation paternelle, pour déterminer la nationalité de l'enfant, tandis que l'autre s'attache à la filiation maternelle : d'un côté l'enfant aura la nationalité de son père, de l'autre il aura celle de sa mère.

Ainsi en Grèce (6), en Belgique (7), la loi s'attache à la filiation paternelle ; en Allemagne (8), en Autriche (9), en Suisse (10), en Norwège (11), en Italie (12), la loi se réfère au contraire à la filiation maternelle.

(1) *Grèce*, C. civ., art. 14, 19.
(2) *Hongrie*, L. 20 déc. 1879, art. 4.
(3) *Italie*, C. civ., art. 7.
(4) *Mexique*, L. 28 mai 1886, art. 1-2.
(5) *Norwège*, L. 21 avril 1888, art. 1.
(6) *Grèce*, C. civ., art. 14.
(7) *Belgique*, Gand (*Pasicr.*, 1861, 2, 383) cité par Laurent, *Dr. civ.*, I, 436, note 3.
(8) *Allemagne*, L. 1er juin 1870, art. 3.
(9) *Autriche*, *Heimatges.*, 3 déc. 1863, § 6.
(10) *Suisse*, cf. notamment *Bürgerl. G. B.* du canton de Zürich, § 690 ; — loi du 20 octobre 1865, § 2 pour le canton de Lucerne.
(11) *Norwège*, L. 21 avril 1888, art. 1.
(12) *Italie*, C. civ., art. 7.

Si donc un enfant né hors mariage, de parents appartenant chacun à un de ces deux groupes de législations, est reconnu simultanément d'un côté par sa mère qui lui rend, je suppose, applicable le système de la filiation maternelle, et par son père, qui lui rend applicable le système de la filiation paternelle, une double nationalité est le résultat fatal de ce conflit.

3° Enfin la même difficulté peut se présenter encore lorsque, les parents étant de nationalités différentes, la patrie de l'un s'attache simplement à la filiation, tandis que l'autre attribue à l'enfant la nationalité de celui des parents qui l'a reconnu le premier.

C'est ce dernier système qui est admis en France depuis 1889 (1).

Il en résulte que si un enfant naturel est reconnu en France successivement, d'abord par la mère (française par ex.), puis par le père (belge par ex.), cet enfant ne peut faire autrement que d'avoir deux nationalités, que d'être à la fois français et belge.

(1) *France*, C. civ., art. 8-1°. alinéa 2.

CHAPITRE IV

DU CUMUL DE PLUSIEURS NATIONALITÉS PAR
NATURALISATION.

Causes de la diversité du droit moderne. — Comment la perpétualité de l'allégeance donne lieu à la pluralité des nationalités. —
De l'expatriation aux U. St. — Des faits légaux d'où elle résulte
dans les législations qui l'admettent. — De l'annexion des territoires.

Dans le langage usuel la naturalisation se réfère aux
changements de nationalité. Le mode le plus fréquent
de changer de nationalité, consistant dans la concession
par un État ou l'obtention par un individu étranger à cet
État de la qualité de national, c'est à cela qu'on applique
ordinairement l'expression de naturalisation. Il s'en faut
cependant que ce soit là le seul mode de changer de
patrie : tantôt la nouvelle nationalité est acquise de plein
droit (et non concédée) comme par le mariage, sans que
l'État puisse la refuser ; tantôt elle est forcée (et non
obtenue) sans que l'individu puisse la rejeter. Aussi
paraît-il préférable de prendre le mot dans un sens large
embrassant la diversité des cas et de considérer simplement la naturalisation comme l'acte par lequel une personne membre d'une nation devient membre d'une autre

nation. Si la nationalité antérieure disparaît lorsque l'autre prend naissance, il n'y a pas de difficulté ; mais on verra plus loin que la nationalité primitive peut persister, malgré l'acquisition d'une nouvelle.

Il convient de remarquer que le droit n'est pas plus uniforme sur ce sujet qu'en matière de nationalité de naissance. On en trouve la raison dans la diversité des besoins des différents États. Dans les vieux États de l'Europe ou de l'Asie l'affluence étrangère est relativement minime et la naturalisation est un événement exceptionnel. Dans les nouveaux États de l'Amérique, au contraire, États fondés par l'immigration, la naturalisation est un facteur constant, et l'on pourrait presque dire un élément normal du développement national (1).

Par suite des anciennes idées féodales, le droit européen a toujours considéré et considère encore la naturalisation comme une faveur, accordée à l'individu, sur sa demande, il est vrai, mais au gré du pouvoir législatif, ou à la discrétion du pouvoir exécutif. Le droit américain moderne sur la naturalisation est, au contraire, basé sur cette idée que l'étranger, qui vient en Amérique pour y rester devient par là même, membre du corps social et doit être admis au corps politique. On sait comment les États de l'Amérique du Sud ont poussé ces principes à l'extrême, en établissant une naturalisation

(1) Rapport de l'Attorney general Hon. Caleb Cushing (31 oct. 1856) — *Op. att. gen. U. St.*, VIII, p. 139. — Ce long et très important rapport se trouve également dans le *Natur. Rep. Commiss.*, p. 78.

forcée dans le désir d'éviter les réclamations formées par les pays d'origine des immigrants (1). Aux États-Unis, depuis 1790, la naturalisation est un droit qu'on ne saurait retirer à personne.

Quoi qu'il en soit, il est facile de comprendre que la naturalisation sera la source d'une double nationalité, toutes les fois que la nationalité primitive subsistera nonobstant l'acquisition d'une nouvelle, et que cette seconde nationalité viendra se superposer à la première. C'est ce qu'il faut rechercher maintenant.

Le mot *expatriation* se réfère précisément à la rupture du rapport de droit existant entre l'individu et l'État et qu'exprime la *nationalité*. L'expatriation est une conception toute légale en ce sens que, de même que pour la nationalité, c'est à la législation interne des États de désigner quels faits auront pour résultat la rupture d'une relation qu'elle seule a le pouvoir d'établir.

Toutes les fois qu'il y aura expatriation, l'acquisition

---

(1) Plusieurs des États hispano-américains, notamment l'Uruguay et le Vénézuéla, avaient agi ainsi (Cf. Cogordan, p. 242 et s., 246). Il n'y a plus guère aujourd'hui que le Vénézuéla et le Mexique (Cogordan, *ibid.*). — Lors du Congrès sud-américain de droit international de Montevideo en 1888-89, on décida d'appliquer au droit des personnes le principe de la loi du domicile et non celui de la nationalité, précisément par crainte de rendre plus difficile la fusion entre les émigrants européens et la population indigène, bien que, d'après le rapporteur, le règle choisie ait été justifiée par la difficulté de reconnaître les diverses nationalités, à cause de la similitude des langues. Cf. Heck, *Das Kongress von Montevideo* (*Zeitschr. f. Int. Priv. und. Strafr.*, I (1891), p. 327).

d'une nouvelle nationalité ne donnera lieu à aucun conflit. Mais il faut se garder de confondre, comme on l'a fait quelquefois (1), l'émigration avec l'expatriation, et de considérer la première comme faisant cesser de fait la nationalité. L'émigration n'est que la recherche d'un nouvel établissement dans une autre partie du globe (2) ; c'est un simple fait auquel le résultat de l'expatriation peut être ou ne pas être attaché par la loi.

Or aujourd'hui encore, il y a des législations qui, tout en reconnaissant le droit d'émigration, n'admettent pas l'expatriation et qui considèrent comme perpétuelle l'allégeance qui leur est due.

Telle est la législation en vigueur dans la République Argentine (3) et dans le Vénézuéla (4).

On est porté à croire qu'il en est de même en fait en Russie. D'après l'ukase de 1864 sur la naturalisation, l'expatriation n'est possible que pour les personnes autrefois étrangères et devenues russes par naturalisation.

---

(1) Heffter, *Le droit international de l'Europe* (4e éd. franç. par Geffcken), § 59 a, p. 136: « La qualité de sujet d'Etat opère une soumission entière sous l'empire de l'Etat,... ; *elle cesse de fait par l'émigration*; il n'y a pas lieu à une revendication du sujet émigré dans un autre pays ».

(2) Heffter, *op. cit.*, p. 133.

(3) *Conféd. Argent.* Loi du 1er oct. 1869, *sur l'acquisition et la perte de la nationalité*, art. 8 : « Les personnes suivantes ne jouissent pas de droits politiques dans la République : les individus naturalisés en pays étrangers. »

(4) *Vénézuéla*, Constit. art. 7 : « Les personnes qui fixent leur domicile en pays étranger et qui y acquièrent la nationalité ne perdent pas leur caractère de Vénézuéliens. »

Le doute vient aujourd'hui de la disposition de la loi militaire de 1874, qui prévoit la perte de la nationalité russe sans distinction (1).

Il est facile de voir que ces législations donneront lieu au cumul en question, toutes les fois qu'une nationalité nouvelle viendra s'ajouter à la nationalité antérieure.

Aux États-Unis la question offre quelques difficultés, qui ne sont encore aujourd'hui qu'imparfaitement tranchées.

Lors de la fondation de l'Union la constitution resta absolument muette en ce qui concerne l'expatriation, et jusqu'en 1868 le Congrès ne vota aucun act réglant ou même se référant à cette matière. Aussi jusqu'en 1868 le *common law* anglais devait apparemment rester en vigueur.

Or, d'après le *common law* anglais (2), le lien qui unit le sujet au souverain est indissoluble par l'acte du sujet (3). Il n'est pas au pouvoir de ce dernier de se dépouiller par son propre fait, de son allégeance, « nemo potest exuere patriam » (4).

(1) Mentionnons, à cet égard, qu'un projet de loi a été présenté sur ce point en 1886, au Conseil d'Etat de l'Empire (Cf. Cogordan, p. 152 et *Journ. dr. int. pr.*, 1887, p. 297).

(2) Le *Naturalization act*, 1870 (33 et 34 Vict. chap. 14) est venu, comme on le sait, modifier le droit commun sur ce point et permettre la rupture de l'allégeance au moyen d'une déclaration d'aliénage (sect. 4 et sect. 6).

(3) Blackstone (Stephen, *Comm.*, II, 432) Hale, *Plac. Coron.* I, p. 68.

(4) Michel Foster faisait remarquer en 1809 que cette maxime résumait toute la doctrine de l'allégeance naturelle. Cf. Mich. Foster, *Crown Cases* (1809), p. 184. — Blackstone (Stephen, II, 433) explique

La loi écrite américaine étant muette, et d'autre part, le **droit** commun subsidiaire n'attachant à aucun acte de l'individu l'effet de l'expatriation, il fallait donc regarder comme perpétuelle l'allégeance du citoyen américain, et par conséquent comme possible le cumul d'une nationalité étrangère avec la nationalité américaine (1).

Telle était l'opinion du chancelier Kent (2) ; mais elle fut loin d'être acceptée unanimement. Le pouvoir judiciaire et le pouvoir exécutif émettaient des doctrines différentes (3). Le conflit dura et devait durer, car les agents du pouvoir exécutif, qui étaient en général Jeffersoniens, c'est-à-dire du parti démocratique, se gardaient bien de vouloir céder aux agents du parti judiciaire, qui, eux au contraire, soutenaient le parti Hamiltonien, c'est-à-dire le parti fédéral.

Cela explique comment l'expatriation fut, malgré l'absence de textes et malgré le *common law*, plaidée un grand nombre de fois dès cette époque (4). Il est vrai

et défend cette règle en se basant sur l'ancien principe germanique : le sujet doit allégeance parce que le roi apporte sa protection. Cette allégeance devint perpétuelle, parce que, la monarchie anglaise étant devenue héréditaire, le successeur au trône d'Angleterre héritait avec la couronne de l'allégeance des sujets de son prédécesseur.

(1) Kent, *Comm*. II, 49.

(2) Kent, *Comment*. II, 49.

(3) Kent, *ibid.*, note.

(4) En 1795, devant la Supr. Court, affaire Talbot, *v.* Janson (III, Dallas, p. 133), on y représentait le droit d'expatriation comme inhérent à l'homme et le principe de l'allégeance perpétuelle comme le résultat d'un système féodal « par lequel les hommes sont enchaînés au sol sur lequel ils sont nés et convertis de la condition de

que jamais la Cour suprême ne l'admit ; mais ses déci-
sions, basées soit sur l'insuffisance des actes dont on
se servait pour prétendre que l'expatriation en résultait,
soit sur ce que ces actes avaient été commis en fraude
de la loi, évitaient de se référer à la doctrine du *common
law* (1).

D'après un premier système, la doctrine du droit
commun anglais sur cette matière n'avait jamais été une
règle du droit américain. Les partisans de cette opinion
s'appuyaient tantôt sur l'absence de distinction entre l'é-
migration et l'expatriation, tantôt sur la supposition que
l'émigration entraîne nécessairement l'expatriation. En
l'absence d'une restriction spéciale, disait-on alors, le
citoyen américain peut émigrer, par conséquent il peut
s'expatrier.

Telle fut l'opinion émise en 1856 par l'attorney général Cal. Cushing dans une (2) réponse au secrétaire

citoyens libres à celle de vassaux d'un seigneur ou d'un supérieur »
(*ibid.*, p. 139). — Cf. encore en 1804, Murray, *v.* the Charming Betzy
(II, Cranch, p. 64) ; — U. St., *v.* Gillies (I, Peters, C. C., 159 ; IX,
Massach., p. 461). — En 1821, the Santissima Trinidad and the St.
Andre (I, Brockenbrough's Marshall's Decis., p. 478) ; — et en 1822
la même affaire devant la Cour suprême (VII, Wheaton, p. 383) ; —
en 1830, Inglis, *v.* Sailor's Snug Harbor (III, Peter's, p. 98) ; — Wil-
liam's Case, dans Wharton's *State trials*, p. 652.

(1) Cf. dans Talbot, *v.* Janson (*loc. cit.*, p. 152) l'opinion du juge
Patterson, et (p. 169) l'opinion du Chief Justice Rutledge.

(2) *Off. opin. of Att. gen. U. St. A.* vol VIII, p. 139, lettre du 31 oct.
1856. La question avait été posée par le Comte de Montgelas, Ministre de Bavière à la Cour de Prusse, à M. Vroom, ministre des U. St.
à la même Cour ; ce dernier l'avait fait parvenir au secrétaire Wil-
liam L. Marcy, auquel répond l'attorney general Caleb Cushing. —

d'État Will. L. Marcy. — Les principaux arguments étaient les suivants : 1° La législation des États-Unis est inconciliable (1) avec la théorie de l'allégeance indissoluble. — Ceci est vrai sans aucun doute, on ne saurait nier que la naturalisation des étrangers en Amérique, et surtout la renonciation à l'ancienne allégeance requise dans cette circonstance par la loi américaine sur la naturalisation ne soient en opposition flagrante avec la théorie selon laquelle *nemo potest proprio motu exuere patriam*. Mais il convient de remarquer que cette opposition est toute théorique, et il est difficile de soutenir qu'une règle de droit en vigueur soit abrogée par l'adoption d'une autre règle parfaitement compatible avec la première en pratique, bien qu'inconciliable avec elle en théorie. On en a d'ailleurs un exemple frappant dans la législation anglaise qui depuis des siècles admet la naturalisation des étrangers, qui permet l'émigration, mais qui jusqu'en 1870, tout au moins, n'attribuait pas à l'émigration ou à la naturalisation acquise à l'étranger l'effet d'éteindre la nationalité anglaise. Deux règles de

Le texte de la question était : Wether, according to the laws of the U. St. A., a citizen thereof, when he desires to expatriate himself, needs to ask either from the government of the U. St., or of the Stale of which he is the immediate citizen, permission to emigrate and if so, what are the penalties of contravention of the law ? » Cette lettre, qui constitue un des documents importants du droit américain sur la matière, a été rapportée par les commissaires anglais de 1869 à la fin du rapport (Addenda A.). Comme le texte officiel est celui des *Off. opin. Att. gen. U. St.*, c'est à ce dernier qu'il sera renvoyé.

(1) *Op. att. gen., loc. cit.*, p. 139 et 140.

droit peuvent donc être en vigueur en même temps, quelle que soit leur incompatibilité théorique.

2° L'expatriation est un droit naturel (1). — Mais en supposant tout d'abord, qu'il y ait des droits naturels et que l'expatriation personnelle (self-expatriation) en soit un, il n'en résulte nullement que le citoyen américain puisse s'expatrier, car il faut savoir si le droit américain respecte ce droit naturel. Or une législation, qui restreint ou qui dénie un droit naturel peut être une mauvaise législation mais elle n'en est pas moins en vigueur. — 3° Le rapport (2) argumentait de ce que la *self-expatriation* de l'individu, ayant été reconnue par la législation de plusieurs États (3) de l'union en particulier, était ainsi devenue une partie du droit public américain. Cela est vrai sans aucun doute, quoiqu'on paraisse confondre alors le droit public et le droit fédéral. — 4° Enfin un autre argument était tiré de la séparation des anciennes colonies anglaises de la métropole. C'était là la négation complète de la doctrine d'après laquelle l'allégeance ne peut être rejetée sans le consentement du souverain. On supposait ici qu'une déclaration d'indépendance, faite par une communauté toute

(1) *Ibid.*, p. 167.

(2) *Ibid.*, p. 166.

(3) Ainsi aujourd'hui, on peut renoncer à la nationalité par un simple changement de domicile dans les États suivants : au Connecticut, *Revis. St.*, II, 1, sect. 1 ; Virginia, *Code* de 1873, IV, sect. 2 ; Kentucky, *Gen. Stat.*, XIV, 2, sect. 1 ; Californie, *Politic. Code*, sect. 56 ; Géorgie, *Code* de 1882, sect. 46. — Au Kentucky, en Georgie et Virginie une déclaration par un *deed* ou devant un Tribunal suffit.

entière, est analogue à une renonciation à l'allégeance
faite par un seul individu. Mais cette analogie ne semble guère admissible : la déclaration d'indépendance
fut un acte révolutionnaire, et les révolutions peuvent
bien créer des États nouveaux, mais non des précédents à faire valoir dans la jurisprudence ou le droit
privé de ces États.

Tels sont les arguments sur lesquels s'appuyait l'attorney général Cushing pour décider que la règle du
common law anglais ne faisait pas partie du droit américain et que le citoyen des Etats-Unis pouvait s'expatrier par son propre fait (1).

Seulement une question se posait alors : à quels actes
de l'individu le droit américain attachait-il le résultat
de l'expatriation? Était-ce simplement à la renonciation
sans émigration? ou à l'émigration sans renonciation?
ou à toutes les deux combinées? L'attorney général
Cushing décidait que toutes deux sont nécessaires : mais
sur ce point, il ne produisait pas et il ne pouvait guère
produire d'arguments sérieux soit pour, soit contre l'a-
doption de son système.

La seule loi se référant à l'expatriation, que le Congrès ait votée jusqu'aujourd'hui, est l'act du 27 juillet
1868 sur les droits des américains à l'étranger (2).

Le préambule déclare que l'expatriation est « a natural and inherent right of all people ». Puis, suit la dis-

(1) *Ibid.*, p. 166.
(2) Stat. at larg., XV, 223, 224. — Revis. Stat., sect. 1999.

position d'après laquelle « toute déclaration, instruction, opinion, ordre ou décision de tout agent du gouvernement américain, déniant, restreignant, portant atteinte, ou mettant en question le droit d'expatriation est par là même déclaré en opposition avec les principes fondamentaux du gouvernement américain ».

Il est difficile de saisir l'effet de cette loi en ce qui concerne l'expatriation des citoyens des États-Unis. Les pouvoirs judiciaire et exécutif du gouvernement reçoivent, il est vrai, l'ordre de reconnaître le droit d'expatriation, mais aucune lumière n'est jetée sur la question capitale, celle de savoir comment ce droit doit s'exercer, et à quels actes de l'individu l'effet de l'expatriation doit être attaché. Apparemment, puisque l'expatriation est déclarée être un droit naturel et inhérent à l'homme, un droit qui ne peut être ni restreint ni mis en question, auquel on ne peut porter atteinte, tout acte qui démontrera clairement l'intention de l'individu de rejeter son allégéance doit suffire : par exemple une simple renonciation verbale devant un officier public. Cela paraît cependant difficile à admettre. Mais alors si certains actes sont insuffisants, quels sont ceux qui sont suffisants ? On reste dans la même incertitude qu'avant 1868.

Il est résulté de tout ce qui précède qu'aujourd'hui les choses sont toujours dans le même état : d'une part la tendance des Cours de justice et de la doctrine est de suivre la règle du droit commun anglais et de rejeter toute expatriation par acte personnel de l'individu (1). La tendance du pouvoir exécutif est au contraire d'admettre la possibilité de l'expatriation, lorsque l'intention de s'expatrier se joint à des actes correspondants et notamment à une naturalisation à l'étranger (2). C'est ainsi que la protection a été refusée à nombre de citoyens des États-Unis, qui après avoir quitté le territoire de l'Union, étaient allés résider à l'étranger, sous prétexte qu'ils s'étaient expatriés. Aussi peut-on dire qu'en ce qui concerne le *department of state* et autant que celui-ci peut l'accorder, les citoyens américains jouissent du droit d'expatriation et n'ont pas sous ce rapport à craindre des cas de double nationalité.

Il ne faudrait cependant pas croire que la doctrine des Cours de justice soit sans intérêt à observer, car elle peut avoir une grande importance pratique. Si, en effet ces Cours décident que l'expatriation a été rendue possible par l'act de 1868, si elles se chargent elles-mêmes de déterminer quels sont les actes de l'individu qui constituent l'expatriation, le droit de s'expatrier obtiendrait une reconnaissance dont les conséquences pratiques seraient considérables.

Beaucoup d'États de l'Union, en effet, suivant en cela l'ancien droit commun anglais, excluent les étrangers de la propriété foncière. Personne, excepté les citoyens des États-Unis et les étrangers ayant déclaré leur inten-

---

(1) Cf. Kent, *Comment.*, II, 59; — Story, *On the Const.*, III, 3, n. 1; — Wharton, *St. Tr.*, p. 654.

(2) Cf. Porter Morse, *op. cit*, 122.

tion de devenir citoyens, ne peut y détenir la *real pro-*
perty (1). On comprend alors que si le citoyen expatrié
était regardé par les tribunaux comme devenu étranger,
ceux-ci ne feraient qu'appliquer la loi en les dépouil-
lant de leur propriété réelle et en la faisant échoir à
l'État.

Il semble d'ailleurs que cette conséquence pratique de
la rupture de la nationalité américaine quant au droit
relatif à la *real property*, ait été la raison pour laquelle
le congrès n'a pas tranché la difficulté juridique qui
nous occupe, par l'adoption d'une loi réglant l'expatriation. Il s'agit en effet ici d'une matière sur laquelle c'est
le pouvoir législatif de chaque État qui peut légiférer, et
non pas le Congrès, et la difficulté ne peut être écartée
que par l'accord préalable des lois de tous les pays de
l'Union. C'était aussi ce qui avait retardé pendant si
longtemps la même réforme en Angleterre. Mais la difficulté est plus grande aux États-Unis : car en Angleterre
le Parlement pouvait écarter les incapacités civiles de la
qualité d'étranger avant d'aborder la question d'expa-

---

(1) Ainsi dans le New-Jersey, les « Aliens friends » le peuvent
seuls (Revis. Stat. v° Aliens, sect. I). — Pennsylvania (Brightly's
Purdon's Digest (1883) V° Aliens, sect. 7 et 9). — Maryland (Revis.
Code 1878, art. 45, sect. 8). — Virginia (Code de 1873, ch. IV,
sect. 18) — West-Virginia (Kelly's Revis. Stat., ch. III, sect. 1-2. —
et Biennial Laws 1882, sect. 56). — Georgia (Code de 1882, sect. 1661).
— Dans quelques autres Etats ce sont seulement les étrangers
« residents » : New Hampshire (Gener. Laws 1878, ch. 135, sect. 16).
— Connecticut (Revision de 1875, II, ch. I, sect. 3). — Indiana
(Revis. Stat. 1881, sect. 2915).

triation ; aux États-Unis, le Congrès n'a pas ce pouvoir.

En somme, les pays de perpétuelle allégeance sont rares aujourd'hui. Mais en ce qui concerne ceux où l'expatriation est reconnue et réglementée, la double nationalité est encore chose possible toutes les fois que le seul fait d'acquérir une nationalité étrangère ne fait pas disparaître *ipso jure,* la nationalité antérieure. Il suffira, en effet, que l'individu qui acquiert une nouvelle nationalité se trouve en dehors d'un des faits entraînant l'expatriation, pour que l'ancienne nationalité persiste nonobstant l'acquisition de la nouvelle (1).

On en trouve un exemple dans le droit relatif à la femme mariée. Si en effet il est universellement admis que la femme étrangère qui épouse un national, acquiert de plein droit la nationalité de son mari (2), il n'en est

(1) Cf. Laurent, *Dr. intern. pr.*, III, n° 250. — Lyon, 19 mars 1875, *Dall.*, 1877, II, 65. — Cass. Florence. 25 avril 1881 (*Journ. dr. int. pr.*, 1883, p. 81). — Lucques, 9 juillet 1880 (*ibid.*, p. 552). — Stemler, *Journ. dr. intern. pr.*, 1890, p. 577.

(2) Cf. France : *C. civ.* art. 12-1° et art. 19 ; — Italie : *C. civ.*, art. 9, 14 ; — Allemage : *loi* 1er juin 1870, art. 5 ; — Belgique : *C. civ.*, art. 12, 19 ; — Angleterre : 33 *et* 34 *Vict.*, *ch.* 14, sect. 10 ; — Portugal : *C. civ.*, art. 18-6°, 22-4° ; — Grèce : *C. civ.*, art. 21, 25 ; — Hongrie : *l.* 20-24 *déc.* 1879, art. 5, 34 ; — Hollande, *C. civ.*, art. 6, 11-1° ; — Norwège : *l.* 21 *avril* 1888, art. 2 a ; — Monaco : *C. civ.*, art. 12, 19 ; — Turquie : *l.* 19 *janvier* 1869, art. 7 ; — Etats-Unis : *Rev. St.*, sect. 1994 ; — Mexique : *l.* 28 *mai* 1886, art. 1-6°, 2-4° ; — Canada : 44 *Vict.*, *ch.* 13, sect. 26 ; — Colombie : *l.* 11 *avril* 1843, art. 2 ; — Russie : *ukase du 6 mars* 1864, art. 17. — Espagne : *C. civ.*, art. 22 ; — Le même principe a été admis par la Chine dans ses rapports avec l'Allemagne ; ainsi on lit dans l'arrangement conclu entre le ministre de cette puissance à Pékin, M. von Brandt, et le Tsong-li-Yamen, le 25 avril 1888 : « Quant aux femmes allemandes

pas de même partout de la femme nationale qui épouse un étranger. Ainsi au Salvador (1), la loi lui conserve expressément cette qualité nonobstant l'acquisition de la nationalité de son mari. Il en est de même aux États-Unis ; la loi (Rev. St. 1994) dit bien, en effet, que l'étrangère qui épouse un américain devient américaine, mais elle ne dit pas que l'américaine qui épouse un étranger devient étrangère ; le mariage n'est pas au regard du droit américain un fait entraînant expatriation (2).

Le même résultat se produit lorsque la loi exige une formalité quelconque, déclaration, permis d'expatriation, pour que l'acquisition d'une nouvelle nationalité opère la rupture de l'ancienne. C'est ce qui existe

qui épouseront des Chinois, on devra invoquer à leur égard la loi qui veut que la femme mariée suive son mari, et elles ressortiront à la juridiction du pays de leurs maris ». « Il y a lieu de croire que le Gouvernement chinois se montrerait disposé à étendre la même disposition aux femmes d'autres nations, si la demande lui en était faite ». (Note communiquée par la légation de France à Pékin). — Une exception paraît devoir être faite, au contraire pour la Turquie : l'article 7 de la loi du 19 janvier 1869 suppose bien que la femme ottomane qui épouse un étranger devient étrangère ; mais rien ne parle de l'acquisition de la nationalité ottomane par une femme étrangère qui épouse un Turc. Cf. à ce sujet un jugement du tribunal consulaire de France à Alexandrie du 4 juillet 1890. *Journ. dr. intern. privé*, 1891, p. 60.

(1) Cf. Constit. du 4 déc. 1883, art. 42. (*Ann. lég. étr.*, XIII, 914).

(2) Voir en ce sens : Case of Mary Biencourt (n° 235) cité par A. Porter Morse, *On citizenship*, p. 217. — Cadwalader, *Leading Cases on intern. law*, p. 35 et s. — et *Journ. dr. intern. pr.* 1890, p. 533. — La question est toutefois controversée et l'expatriation de la femme a été parfois reconnue, notamment par la commission mixte de 1868 établie pour juger des réclamations mexico-américaines ; Cf. A. P. Morse, *loc. cit.* — Cogordan, p. 281.

en Allemagne (1), en Hongrie (2), en Danemark (3), en Suisse (4), en Turquie (5), au Maroc (6), en Chine (7). Le national d'un de ces pays qui quitte sa patrie sans avoir rempli la formalité nécessaire, garde sa nationalité nonobstant sa naturalisation postérieure.

En France (8), le permis d'expatriation est exigé pour l'individu soumis aux obligations du service militaire pour l'armée active. — En Chine (9), une déclaration

(1) *Allemagne*, l. du 1er juin 1870.

(2) *Hongrie*, l. 24 décembre 1879, art. 20. — Cf. pour l'Autriche, l. 21 déc. 1867, art. 4 ; l. 5 déc. 1868 et 13 mai 1870.

(3) *Danemark* (Cf. *Natural. Rep.*, p. 59).

(4) *Suisse*, l. 3 juillet 1876, art. 7.

(5) *Turquie*, l. 19 janvier 1869, art. 5.

(6) *Maroc*, Cf. traité du 3 juill. 1880 (art. 15), qui a suivi la conférence de Madrid.

(7) *Chine*, Cf. note 9, *infrà*.

(8) *France*, C. civ., art. 17.

(9) *Chine*. Cela résulte de l'arrangement déjà mentionné, intervenu entre l'Allemagne et le céleste Empire à la date du 25 avril 1888...... « Les chinoises qui épouseront des allemands seront soumises à la juridiction du pays de leurs maris. Toutefois, les fonctionnaires allemands devront donner avis de ces mariages, entre femmes chinoises et sujets allemands aux autorités chinoises compétentes. Cette manière de procéder répondra à l'idée de réciprocité qui doit exister entre chinois et étrangers. Une fois le présent arrangement conclu entre le Tsong-li-Yamen et moi, les consuls d'Allemagne rempliront à l'égard des mariages précédemment contractés entre des chinoises et des allemands, la formalité — qui aurait dûe être remplie — de l'avis à donner de ces mariages aux autorités chinoises, et ceux-ci seront tenus pour régulièrement contractés. — Si des chinoises contractent mariage avec des allemands sans en informer le consul d'Allemagne pour le prier d'en aviser officiellement les autorités locales, elles relèveront des tribunaux chinois pour tous les procès qui leur seraient intentés. — De plus, toute chinoise qui, après avoir commis une infraction à la loi, épouserait un allemand, en vue d'échapper, à la faveur de son mariage avec un

est exigée même de la femme chinoise qui épouse un étranger, et qui par là tend à devenir étrangère elle-même.

Il en est de même lorsque la loi ou la jurisprudence ne font produire l'expatriation à la naturalisation que si celle-ci présente certains caractères, tels que celui d'être volontairement demandée et acquise : c'est d'ailleurs ce qui est généralement admis au moins en France (1), en Angleterre (2), en Italie (3), en Belgique (4), en Grèce (5), au Mexique (6), en Portugal (7).

Il résulte de ce système que la naturalisation étrangère n'opère expatriation que lorsque l'individu a la capacité civile requise pour un consentement juridique, c'est-à-dire lorsqu'il est majeur d'après la loi de sa patrie ancienne (8).

Si donc un incapable, soumis au système précédent, obtenait une naturalisation à l'étranger, il conserverait

étranger, aux poursuites judiciaires, devra aussi, dès que le fait aura été reconnu, être citée et jugée par les autoritées locales chinoises...... ». (Pièce déposée aux archives de la légation de France à Pékin).

(1) Demolombe, *Effets et applic. des lois*, n° 179. — Dalloz, *Rép. v° Dr. civils*, 514-515. — Robinet de Cléry, *Rev. crit.*, 1872-73, p. 296.

(2) *Naturalization Act* 1870, s. 4 et 17. — Westlake, *On Priv. intern. law* (2° éd.), § 273.

(3) *Italie*, Cf. Fr. Ricci, *Diritto civile*, I, 25, n° 22.

(4) *Belgique*, Cf. Laurent, *Dr. civ.*, I, p. 482.

(5) Cass. arrêt 175 (1851), Rontiris, *Journ. dr. int. privé*, 1890, p. 234.

(6) L. 28 mai 1886, art. 2, III et V «.... qui se font naturaliser... ».

(7) C. civ. art. 22-1° «.... qui se fait naturalfser...».

(8) *France*, Cass. 19 août 1874, Dall., 1875, I, 151.

sa nationalité première nonobstant l'acquisition de la
nationalité nouvelle.

La difficulté se produira notamment avec les pays où
le seul fait d'établir son domicile ou sa résidence entraîne *ipso jure* acquisition de la nationalité, comme en
Danemark (1), en Norwège (2), au Vénézuela s'il s'agit
d'immigrants (3), au Brésil (4).

Le principe mexicain (5), d'après lequel le simple fait
de se rendre acquéreur de biens fonds entraîne, sauf
déclaration contraire, l'acquisition de la nationalité
mexicaine, arrive à un résultat analogue. En France
notamment, le pays basque fournit de nombreux individus qui vont au Mexique chercher fortune, y deviennent propriétaires fonciers, puis reviennent jouir de leurs
revenus au pays natal. La loi mexicaine les considère
comme mexicains, bien que la France n'ait pas cessé de
les regarder comme des français.

Il en est encore de même à l'égard de la femme ou des
enfants mineurs de l'individu naturalisé à l'étranger dans
un pays où la naturalisation s'étendant à ces personnes,
produit un effet collectif que la patrie antérieure ne reconnaît pas. D'une part, en effet, ces enfants sont naturalisés, d'autre part ils restent cependant nationaux au

(1) *Danemark* (d'après Cogordan, p. 197).
(2) *Norwège*, Cf. *Natur. Rep.*, p. 71, et l. 21 avril 1888, art. 2.
(3) Résolution du Gouvernement vénézuélien relative à la nationalité des immigrants (Cogordan, 2ᵉ éd. Ann. HH, p. 535).
(4) L. du 15 déc. 1889, art. 2 (*Journ. dr. int. pr.*, 1890. p. 764).
(5) L. du 28 mai 1886, art. 1, X.

regard de l'ancienne patrie de leur père. **Ainsi des cas
de double nationalité résultent nécessairement du con-**
flit qui existe entre les lois de l'Autriche (1), de la Hongrie (2), de la Suisse (3), de l'Allemagne (4), de l'Italie (5), des États-Unis (6), de l'Angleterre (7), **de la**
Norwège (8), qui admettent l'effet collectif de la naturalisation, et les lois de la Confédération **Argentine (9),**
de la Grèce (10), de la Russie (11) qui ne l'admettent
pas, de même que les lois du Portugal (12) **ou de la**
Turquie (13).

En France avant 1889 la jurisprudence ne reconnaissait pas à la naturalisation un effet collectif, **mais la**
regardait comme purement personnelle et **n'agissant**
que sur la personne de celui qui la demandait. La loi du
26 juin 1889 déclara : 1° en ce qui concerne la **femme**

(1) *Autriche*, Heitmages., 3 déc. 1863, § 12.

(2) *Hongrie*, l. 24 déc. 1879, art. 7.

(3) *Suisse*, l. 3 juill. 1876, art. 3.

(4) *Allemagne*, l. 1er juin 1870, art. 11.

(5) *Italie*, C. civ., art. 8. Il faut cependant remarquer que les
enfants doivent résider dans le pays avec le nouveau naturalisé.

(6) *États-Unis*, Revis. St., sect. 2165. Même remarque que pour
l'Italie.

(7) *Angleterre*, Natural. Act, 1870, sect. 10 ; même remarque que
ci-dessus.

(8) *Norwège*, l. 21 avril 1888, art. 4.

(9) *Conféd. Argentine*, l. 25 sept. 1860, art. 3.

(10) *Grèce*, C. civ., art. 17.

(11) *Russie*, Uk. du 6 mars 1864, art. 6.

(12) *Portugal*, C. civ., art. 22-4°, § 1.

(13) *Turquie*, l. 19 janvier 1869, art. 8.

mariée que la naturalisation française du mari ne s'é-
tendrait pas de plein droit à elle (il lui suffit toutefois
de faire une simple demande) ; 2° en ce qui concerne les
enfants mineurs la loi distingue entre la naturalisation
en France, mode d'acquisition de la nationalité française, et la naturalisation à l'étranger mode d'expatriation d'après la loi française. Les enfants mineurs de
celui qui se fait naturaliser français, deviennent français
(art. 12-3°). Les enfants mineurs du français qui se fait
naturaliser à l'étranger restent français (1).

La législation luxembourgeoise, notamment, présente
également la même anomalie que la loi française : aux
termes de l'article 10 de la Constitution de 1868 la naturalisation d'un étranger au Luxembourg produit un
effet collectif ; et d'après l'article 17-1° du Code civil, la
naturalisation d'un Luxembourgeois à l'étranger n'a
qu'un effet individuel.

Enfin la doctrine française donne encore lieu, d'une
autre façon, à un cumul de nationalités. En déclarant
que l'expatriation résulte d'une naturalisation à l'étranger, le droit français se réfère, dit-on, uniquement à la
concession normale de la nationalité par une puissance
étrangère et non aux modes exceptionnels par lesquels
un grand nombre de législations facilitent l'acquisition
de la citoyenneté. On sait qu'il en est ainsi en Italie (2),

_____

(1) Cf. Cogordan, p. 249. — Nancy, 25 mars 1890, Dall., 1891, II,
89, et la note.
(2) Italie, C. civ., art. 6, 8.

en Belgique (1), en Grèce (2), en Hongrie (3), aux États-Unis (4) ; certaines personnes, particulièrement les enfants nés de parents étrangers, les descendants de nationaux naturalisés étrangers, les veuves, les anciens nationaux désirant recouvrer leur nationalité première etc…, jouissent de privilèges et de faveurs exceptionnels qui leur permettent d'acquérir la qualité de national au moyen de simples déclarations ou tout au moins de très légères formalités. Or, d'après la doctrine française il n'y a pas là une véritable naturalisation, qui suppose, dit-on, une concession de nationalité faite par le gouvernement étranger à un Français quelconque, ne bénéficiant à l'égard de ce gouvernement d'aucun privilège à raison d'une situation spéciale. L'article 17 du Code civil n'attache pas l'expatriation à ce mode exceptionnel d'acquérir la nationatité étrangère (5).

Quelque criticable (6) que soit cette manière de voir, elle n'en entraîne pas moins la possibilité d'une double nationalité, puisque il suffira aux individus en question de bénéficier à l'étranger de la situation qui leur est faite

(1) *Belgique*, C. civ.
(2) *Grèce*, C. civ., art. 17.
(3) *Hongrie*, l. 14 décembre 1879, art. 38-42.
(4) *États-Unis*, notamment en ce qui concerne les marins. *Revis. St.*, sect. 2174.
(5) Cf. Weiss, *Dr. int. pr.*, p. 92. — Douai, 14 déc. 1881, *Journ. dr. int. pr.*, 1882, p. 416. — Id., 1891, p. 182.
(6) L'article 17 du Code civil ne parle pas en effet que de la naturalisation, mais il vise aussi les modes d'acquisition de la nationalité, dits privilégiés.

pour avoir la qualité de national à l'étranger, tout en la gardant en France.

Enfin l'annexion de territoires que consacrent aujourd'hui des traités, peut donner lieu à des cas de double nationalité.

A première vue, cela semble difficile : la situation nouvelle du pays et par suite celle des habitants se trouve, en effet, réglée par le traité d'annexion, consenti par l'État cédant et accepté par l'État cessionnaire, et il n'y a pas ici de conflit de lois souveraines réglant différemment une même situation juridique. Si quelques difficultés d'interprétation s'élèvent en présence du texte du traité, le plus souvent jusqu'ici, la jurisprudence des États intéressés finit par se mettre d'accord, ainsi que cela a eu lieu notamment pour le traité d'annexion de la Savoie (traité de Turin, 24 mars 1860).

Il n'en a cependant pas toujours été ainsi, et chacun connaît à cet égard les divergences d'opinions émises et soutenues en France et en Allemagne au sujet de l'article 2 du traité de Francfort, réglant la nationalité des Alsaciens-Lorrains. D'après ce traité les personnes dont la nationalité devait se trouver atteinte par l'annexion étaient les individus originaires et domiciliés en Alsace-Lorraine.

« Les sujets français originaires des territoires cédés, domiciliés actuellement sur ce territoire, qui entendront conserver la nationalité française, jouiront, jusqu'au 1ᵉʳ octobre 1872, et moyennant une déclaration préalable faite à l'autorité compétente, de la faculté de transporter leur domicile en France et de s'y fixer, sans que ce droit puisse être altéré par les lois sur le service militaire, auquel cas la qualité de citoyen français leur sera maintenue ».

D'après les termes « sujets français, originaires, domiciliés », il est aisé de voir que les sujets français originaires mais non domiciliés en Alsace, comme les sujets domiciliés mais non originaires, paraissaient ne pas être atteints par l'annexion et par conséquent rester français.

Le gouvernement allemand n'accepta pas cependant cette manière de voir, il prétendit que le traité atteignait les originaires non domiciliés, et que ces derniers pour rester français devaient en faire la déclaration formelle. On sait que la France céda sur ce point et que la convention additionnelle du 11 décembre 1871 fut rédigée en ce sens.

Mais le gouvernement d'Alsace-Lorraine (1), approuvé par le Cabinet de Berlin, alla plus loin et prétendit que l'annexion touchait également les individus non originaires mais domiciliés en Alsace-Lorraine, et que pour rester français, il leur fallait dans le délai d'un an transporter leur domicile en France. Par suite il considéra comme irrévocablement allemands tous ceux qui n'avaient pas satisfait à la susdite prescription avant le

(1) Circulaire du 7 mars 1872, et dépêche de M. d'Arnim à M. de Rémusat du 1er septembre 1872 (Cogordan, p. 363.)

1ᵉʳ octobre 1872. Le gouvernement français crut devoir repousser cette interprétation. Plusieurs notes diplomatiques furent échangées, sans résultat. Il en est résulté que les individus domiciliés en Alsace-Lorraine lors de l'annexion mais qui n'en étaient pas originaires, et qui n'ont pas transporté leur domicile en France, ont été regardés comme allemands par l'Allemagne et comme Français par la France.

CHAPITRE V

Pratique suivie par l'Angleterre, les États-Unis, l'Allemagne, la Suisse, l'Amérique du Sud ; — id. pour la France.

Connaissant comment et entre quelles législations le cumul de plusieurs nationalités peut se produire, il est important pour la pratique de rechercher comment les différents gouvernements traitent les difficultés qui naissent de ce fait anormal. Ainsi, par exemple, au point de vue du service militaire, la double nationalité autorise les poursuites des gouvernements contre leurs prétendus nationaux qui n'y ont pas satisfait. En ce qui concerne le droit d'élection et l'établissement des listes électorales, le refus d'admission sur la liste en est une autre conséquence, de même encore qu'en matière pénale, une double nationalité peut motiver un refus d'extradition. Aussi est-il intéressant de connaître comment les différents États traitent le conflit en question soit dans leur pratique diplomatique soit dans des traités ou conventions.

Les difficultés auxquelles prêtait et prête encore la

législation anglaise ne furent pas et ne sont pas aussi
graves qu'on pourrait se l'imaginer. Dans sa pratique
diplomatique l'Angleterre a coutume de reconnaître
franchement la possibilité (1) et, si la chose existe, le fait
de la double allégeance. Elle reconnaît comme règle, le
droit, pour chaque Etat, d'appliquer dans toute sa rigueur sur son territoire sa loi sur la nationalité : et elle
concède aux autres États le droit qu'elle réclame pour
elle-même.

Le gouvernement anglais refuse ainsi de protéger son
sujet contre un autre gouvernement qui réclame son
allégeance.

---

(1) Cf. Drummond's Case, 2 Knapp, 29a. Dans cette affaire notamment la Cour admit que le petit-fils d'un *natural-born* anglais,
quoique né à l'étranger ainsi que son père, pouvait posséder simultanément le caractère de sujet britannique en vertu de III Geo. 3, c.
26 et celui de sujet français d'après le droit français (C. civ., art. 9).
Dans l'espèce il s'agissait d'une demande en compensation dirigée
contre les commissaires chargés de régler les demandes des sujets
anglais contre la France pour confiscation de biens. Les réclamants,
qui étaient les héritiers de James Lewis Drummond après avoir obtenu l'opinion de six éminents jurisconsultes français, d'après lesquels il ne fallait pas les considérer comme français, pétitionnaient
auprès des « Lords of the treasury » pour obtenir une nouvelle au-
dience. L'affaire fut portée de nouveau devant le « judicial commit-
tee », qui décida que, tout en admettant l'opinion des juristes français, James Lewis Drummond et son père avaient suffisamment
montré par leur conduite leur intention d'accepter le caractère de
sujets français, de sorte que, on ne pouvait pas dire leurs biens in-
dûments confisqués. On pourra également consulter l'affaire Wilson,
v. Marryat (Turner et Russel, p. 31 et 1, Bosanquet et Puller, p. 430)
(Ces affaires sont rapportées également dans Forsyth's *Cases and
Opin. on Constit. law.* (1869), p. 337, notes du ch. IX, *On allegeance
and aliens*).

Par conséquent :

a) La personne qui est anglaise par descendance n'est pas protégée contre l'Etat étranger dans le territoire duquel elle est née et qui réclame son allégeance en vertu du *jus soli*.

La personne qui est anglaise par le fait de sa naissance sur le sol anglais n'est pas protégée contre le gouvernement qui, sur son territoire, la réclame comme son sujet parce que son père était sujet, c'est-à-dire *jure sanguinis* (1).

(1) Cf. Instructions de Mr. Canning Her Majesty's Adv. gen. à M. Dale vice-consul à Monte-Video, 20 déc. 1842, qu'on peut regarder, au dire des commissaires anglais de 1869, comme le modèle de toutes les instructions adressées aux représentants ou aux consuls de Sa Majesté britannique à l'étranger (*Nat. Comm. Rep. p.* 60 et 61). — Cette manière de voir a été admise notamment : *à l'égard de la France* : Cf. Correspondance de Lord Clarendon à Lord Cowley. (For. off. M S. vol. Nationality Cases. 24, XII, 1857 ; n° 1780) ; id. du duc de Malmesbury à Lord Cowley. (*op. cit.*) n° 58 ; — 13, III, 1858) (*Nat. Com.* 67) ; — *à l'égard des États-Unis* : Cf. instructions données à Lord Lyons (*ibid.* 349 ; 7, X, 1861) (*Nat. Com.* 42) ; — *à l'égard de la Belgique* : Cf. instructions données en réponse à Lord Howard de Warden en janvier 1861 après consultation des Law officiers. (*Nat. Com. p.* 62) ; — *à l'égard de l'Allemagne* (Saxe) : cf. correspondance de Lord Russell à M. Murray (*ibid.* n° 7 ; 26, IV, 1865) (*Nat. Com.* 69); — *à l'égard de l'Italie*; cf. correspondance de Lord Palmerston à M. Hudson (*ibid.*, n° 9 ; 23, III, 1852). (*Nat. Com.* 70) ; — *à l'égard du Portugal* : Cf. correspondance du duc d'Aberdeen à Lord Howard de Walden 10 juin 1843 (*Nat. Comm.* 72); — *à l'égard de l'Espagne*; cf. instructions données à M. Brackenbury H. M. Consul à Cadix. (*ibid.*, n° 4 ; 5 novemb. 1841). — Il ne sera pas sans intérêt de mentionner ici une exception que la diplomatie anglaise, crut devoir faire *à l'égard de la Perse* en ce qui concerne les individus nés aux Indes Anglaises. D'après le système mentionné ci-dessus, les individus nés aux Indes de parents persans devaient être regardés comme anglais partout sauf en Perse, Etat qui pouvait les ré-

b) L'individu naturalisé anglais n'est pas protégé contre l'État auquel était due son allégeance originaire soit en vertu du *jus soli*, soit en vertu du *jus sanguinis*, pas plus que ne l'était et ne l'est aujourd'hui l'individu d'origine anglaise naturalisé à l'étranger (1).

Le système suivi par la diplomatie des États-Unis est analogue à celui de la diplomatie anglaise.

Le gouvernement américain comme le gouvernement anglais reconnaît comme règle le droit pour chaque État d'appliquer dans toute sa rigueur sa loi sur la nationalité sur son propre territoire.

Il en résulte que :

a) Le fils d'un père américain, mais né à l'étranger n'est pas protégé contre l'État dans le territoire duquel il est né si cet état le réclame *jure soli* (2).

Le fils d'un père étranger mais né dans la juridiction

clamer *jure sanguinis*. Cependant, par esprit politique, le Gouvernement de Sa Majesté Britannique crut devoir les placer même en Perse sous la protection anglaise. Cf. correspondance de Lord Palmerston au Colonel Sheil (*ibid.*, n° 82 ; 4 sept. 1850). (*Nat. Com.* 71).

(1) Cela n'est plus aujourd'hui qu'une conséquence du *Naturalization Act* 1870 sect. 6, d'après lequel la naturalisation obtenue à l'étranger entraîne expatriation. Mais avant 1870 la pratique diplomatique anglaise avait déjà admis cette solution à l'égard de l'État dans lequel l'individu avait été naturalisé. — Cf. sur ce point *Natur. com. Rep.* p. 62, où l'on verra ce système suivi notamment à l'égard de l'Autriche.

(2) Cf. *Consular regulations*, art. XI, sect. 115. — *Opin. att. gen.* Hon. Ebenezer R. Hoar XIII, p. 90 et s. — Il s'agissait dans l'espèce de personnes nées à Curaçao et à l'île St. Thomas de parents américains ; elles réclamaient protection et délivrance de passeports des agents américains : ce qui leur fut refusé (*opin.* du 12 juin 1869).

des États-Unis est américain ; il n'est pas protégé contre l'État de son père, s'il est réclamé par cet État *jure* *sanguinis* (1).

b) Le citoyen américain qui se fait ou qui se laisse naturaliser à l'étranger n'est pas protégé contre l'État de son adoption. Car on a vu que pour le (2) *department of state* des Etats-Unis il n'est plus américain même dans les limites de la juridiction américaine.

On remarquera qu'il en est de même pour les enfants mineurs des individus en question. Quoique nés avant la naturalisation de leurs parents et par conséquent nés citoyens américains, les enfants doivent, s'ils sont réclamés par l'État adopté par le père, être considérés comme

(1) Cf. Case of Franç. Heinrich. *U. St. For. Rel.* 1873, I, p. 77 et suiv. — François Heinrich était né à New-York (U. St.) de parents Autrichiens (non naturalisés Américains). Il quitta l'Amérique à l'âge de 2 ou 3 ans pour revenir en Autriche où il vécut en qualité de sujet autrichien pendant 20 ans ; au bout ces 20 ans il réclamait de sa qualité d'américain pour échapper au service militaire en Autriche. — Par la loi américaine F. Heinrich était né Américain *jure soli* (14e amend. sect. 1.) ; par la loi autrichienne (Heitmages. 2 déc. 1863) il était autrichien *jure sanguinis*. Mais par l'effet du traité du 20 septembre 1870 entre les U. St. et l'Autriche [cf. *Treat. and convent. betw. U. St. aud other powers since july* 4,1776. Washington Govern. print. off. 1876] toute personne de l'une ou l'autre nation résidant 5 ans de suite dans un des deux pays devait être regardée par l'autre comme naturalisée dans ce pays. Or F. Heinrich était resté 20 ans en Autriche, il devait donc être regardé comme ayant perdu sa qualité d'américain et devenu sujet autrichien (Voir sur cette affaire *op. att. gen.* XIV, 21 décembre 1872. Op. Hon. Geo. H. Williams.)

(2) Cf. *U. St. Dipl. Corr.* 1873, p. 250. — On y verra comment le secrétaire d'État Fish déclare que la question ne peut être décidée que par l'examen de chaque cas particulier.

citoyens de cet État tant qu'ils résident sur son territoire ou dans le ressort de sa juridiction (1).

Quant à la situation des individus devenus citoyens
américains par naturalisation, elle nécessite quelques
détails, car la pratique diplomatique des États-Unis a
changé complètement depuis 1859.

Jusqu'en 1859 le Gouvernement américain ne prétendit pas au droit de protéger ses sujets naturalisés contre
l'État auquel ils devaient leur première allégeance (2).
Si l'État auquel l'émigrant appartenait par sa naissance
préférait le considérer comme son sujet nonobstant sa
naturalisation aux États-Unis, rien ne s'opposait à ce
que dans les limites de sa juridiction cet État n'eût le
pouvoir et le droit de le traiter comme tel.

D'autre part, le gouvernement américain résistait
naturellement à toute tentative de l'État en question
pour appliquer sa loi sur la nationalité hors des limites
de sa propre juridiction et par conséquent *a fortiori* dans
les limites de la juridiction américaine. C'est ce qui eut
lieu notamment à l'égard de l'Angleterre, qui ne se gê-

(1) Cf. Santiago Smith's Children. *For. Rel. U. St.* 1879, p. 825 ;
lettre du 13 août 1879 de M. Seward à M. Foster.

(2) Ce système fut soutenu notamment à l'égard de la Prusse. cf.
lettre de M. Wheaton, alors ministre des États-Unis à Berlin, du
24 juillet 1840 (*U. St. Sen. Doc.* 1859-60, II, p. 6) et la correspondance
de M. Barnard, successeur de Wheaton à Berlin, pendant les années
1851, 1852, 1853. (*U. St. Sen. Doc.* ibid. p. 9, 13, 14, 18, 23, 43, 53.)
— à l'égard du duché d'Oldenburg, (*Ibid.* 129,121). — du Hanovre
(*Ibid.* 142). — de Frankfurt (*Ibid.* 231,935) — de Hamburg (*Ibid.*
p. 171).—à l'égard de la France ; cas de Lucien Alibert en 1852 (*Ibid.*
p. 176).

nait pas pour empiéter sur la souveraineté des États-Unis en se couvrant du « right of visitation and search ». On sait combien l'invasion répétée du « floating territory » américain par les officiers de la marine anglaise exaspéra le gouvernement de Washington et comment ce fut là la cause principale de la guerre de 1812 (1).

Il convient d'ailleurs de remarquer que non seulement le droit de protéger les citoyens américains par naturalisation, contre l'État auquel ils devaient leur première allégeance, ne fut pas affirmé à cette époque, mais qu'il fut même expressément et à plusieurs reprises désavoué par les ministres américains à l'étranger ainsi que par le Department of State (2).

Le gouvernement américain, reconnaissant le droit pour chaque État d'appliquer rigoureusement sa propre loi sur son propre territoire, n'essayait donc pas de pro-

---

(1) Pendant cette guerre l'Angleterre voulut à plusieurs reprises envoyer devant le jury sous inculpation de haute trahison d'anciens sujets anglais naturalisés américains et faits prisonniers. On sait que cet acte du gouvernement de Londres fut accompagné de la part des Etats-Unis par des menaces de représailles. Il ne faut pas en conclure que ces menaces de représailles aient constitué à cette époque un revirement dans la pratique diplomatique américaine. Pendant la guerre entre la France et l'Angleterre à la fin du dernier siècle, la France avait été menacée de représailles analogues si elle traitait comme traitres les émigrés servant sous le drapeau anglais et faits prisonniers ; or jamais ces émigrés n'avaient été regardés par l'Angleterre comme des sujets anglais. Il ne faut voir là que des actes de guerre et non l'exercice d'un droit ordinaire de protection.

(2) Cf. *suprà*, p. 173, note 2.

téger ses citoyens par naturalisation contre les gouvernements de leurs anciennes patries.

D'ailleurs à cette époque, un petit nombre d'États niaient encore la possibilité de l'expatriation par acte individuel. La Prusse était notamment de ce nombre.

En 1859 le gouvernement de Washington changea totalement d'attitude. De nombreuses difficultés avaient eu lieu avec la Prusse au sujet du service militaire. M. Wright remplaçait M. Barnard à Berlin comme ministre des Etats-Unis. Il s'émut de la situation difficile faite à ses concitoyens et réclama pour eux auprès de son gouvernement (1). Le 2 février 1859 le Sénat américain décidait une enquête (2). Le 8 juillet de la même année, M. Cass, secrétaire d'Etat, envoyait à M. Wright des instructions (3) affirmant le droit pour les Etats-Unis, d'étendre bien plus que par le passé les effets de la naturalisation à l'égard de l'allégeance primitive. L'Américain naturalisé qui retourne dans son

(1) Lettre du 28 septembre 1858 : « No american Consul or Minister can shield from impressment a U. St. citizen born in Prussia. Is it possible that there is no remedy for this state of things ? My opinion is that, if a decided and firm stand be taken by our Government during the present peculiar position of affairs in Prussia, il will lead to good results. It is certainly worthy of a trial ». (*U. St. Sen. Doc.* 1859-60 ; *Sess.* I. *Cong.* 36 ; II, p. 133 ;— *Nat. Rep.* p. 56).

(3) Cf. *Nat. Rep.*, p. 52. L'ensemble des documents présentés au Sénat à la suite de cette enquête se trouve dans les *U. St. Sen. Doc.*, *loc. cit.*

(3) *U. St. Sen. Doc.*, *loc. cit.*, p. 133. — *Natur. Rep.* p. 54. — Les mêmes instructions furent envoyées à M. Faulkner, ministre des Etats-Unis à Paris (*ibid.* p. 198. — *Natur. Rep.* p. 58).

pays natal y « retourne en qualité de citoyen américain et pas en d'autre qualité ». Du jour de sa naturalisation, son ancienne nationalité est rompue « he experiences a new political birth ».

Tel fut depuis le système suivi par la diplomatie américaine (1). Il faut d'ailleurs remarquer que le prétendu droit de protection fut tout d'abord dénié par les autres États, à commencer précisément par la Prusse, vis-à-vis de laquelle la question se posait toujours au sujet du service militaire ; si parfois le gouvernement de Berlin permit l'acquittement des prévenus, ce fut par pur esprit de *comitas inter gentes* (2). Mais en fait le gouvernement américain prétendait toujours que le Prussien naturalisé en Amérique n'était susceptible d'aucune condamnation pénale en Prusse pour non accomplissement du service militaire, à moins cependant que le service ne fût réellement dû au moment de l'émigration.

Les mêmes difficultés se produisirent, du reste, avec la France et au sujet des mêmes questions ; en dépit des prétentions du gouvernement de Washington, le gouvernement français persista à regarder comme « insoumis » ceux qui, excipant d'une naturalisation à l'étranger, ne rejoignaient pas leur drapeau. Les conseils

(1) Cf. notamment, à l'égard de la France, l'affaire Michel Zeiter en 1860 (Laurence *sur* Wheaton, p. 298) et les affaires Schneider, Cochener, Todry, F. Pierre (*U. St. Diplom. Corresp.* 1866, I, 291). — Voir également les pourparlers qui eurent lieu en avril et mai 1866 entre M. Drouyn de Lhuys et M. Bigelow ministre des Etats-Unis à Paris (*ibid.* p. 299 et 304).

(2) Cf. *Nat. Rep. Comm.*, 54 b.

de guerre après avoir sursis à l'application de la peine,
pour permettre aux tribunaux civils de juger la question
de nationalité, continuaient à appliquer leur jurisprudence, et n'acquittaient les individus en question que
lorsque la naturalisation était antérieure de trois ans à
l'appel sous les drapeaux, l'action étant alors prescrite.
Le conflit dura donc, il est regrettable qu'il dure encore (1).

Il n'en fut pas de même vis-à-vis des autres puissances
et les principes invoqués par les États-Unis, obtinrent
une reconnaissance internationale dans le traité du 22 février 1868 (2), dit *Convention Bancroft*, signé par ce
ministre et conclu avec la Confédération de l'Allemagne
du Nord.

Les prétentions des États-Unis y sont admises. Non
seulement on convient que la naturalisation devait
éteindre les devoirs du citoyen envers sa première
patrie, mais encore que le citoyen naturalisé ne devait
être puni que pour des délits commis avant son émigration. L'extinction des obligations envers le premier
gouvernement, extinction effectuée par la naturalisation,
était ainsi reportée à l'acte d'émigration et le comprenait.

Les dispositions essentielles de ce traité sont d'ailleurs
les suivantes : les citoyens d'une des deux nations qui
ont été naturalisés citoyens de l'autre, doivent être re-

(1) Cf. dans le *Journ. du dr. intern. pr.* 1889, p. 153 et s. le rapport de l'attorney général.

(2) Martens, *Nouv. Rev. gén.* 1874, XIX.

gardés et traités comme citoyens de cette dernière, s'ils ont résidé sans interruption sur son territoire pendant 5 ans (art. 1er). — Le citoyen naturalisé est sujet, s'il revient dans son pays d'origine, à être poursuivi et puni pour les délits commis avant son émigration (art. 2). — Si un citoyen naturalisé, reprend son domicile dans son premier pays, sans intention de retour à son pays d'adoption, il doit être regardé comme ayant renoncé à sa naturalisation. « L'intention de ne pas retourner doit être présumée lorsque la personne naturalisée dans l'un des deux pays réside pendant plus de deux ans dans l'autre » (art. 4). On comprend d'ailleurs facilement le but de ce quatrième article. Sans ces limitations, le traité eût permis à tout sujet allemand, moyennant une résidence de 5 ans aux États-Unis, d'échapper à l'obligation du service militaire dans son pays natal ; la citoyenneté américaine eût été recherchée par des personnes dont l'intention n'était pas de devenir en réalité membre de la nation américaine, mais seulement d'obtenir dans un pays étranger une situation privilégiée.

Les dispositions de cet article ont été critiquées parce que les personnes qui y sont visées, paraissent être laissées sans patrie : elles ont perdu par forfaiture leur naturalisation, sans qu'elles soient déclarées recouvrer leur première nationalité. Il est cependant facile de voir que si le citoyen naturalisé américain a perdu ainsi par forfaiture sa citoyenneté américaine, les États-Unis n'ont pas à se préoccuper de savoir si il a ou non recou-

vré sa nationalité allemande et *vice versa*. La réacqui-
sition de la première nationalité est une question de
droit interne et non de droit international, dont le traité
n'avait pas à parler et dont la solution devait être laissée
à la détermination de chaque nation pour elle-même.
C'est ainsi que le gouvernement allemand, suivant la
méthode que nous signalerons plus loin, déclara que le
citoyen naturalisé américain revenu en Allemagne,
serait forcé, à la fin de ses deux ans de séjour, de reprendre sa nationalité allemande ou de quitter le pays.

Des traités analogues étaient conclus dans la même
année avec la Bavière (1), le duché de Bade (2), le Wür-
temberg (3), la Hesse (4), le Mexique (5), la Grande-
Bretagne (6), la Belgique (7) : en 1869 avec la Suède et
la Norwège (8) ; en 1870 avec l'Autriche (9) ; en 1872
avec la République de l'Ecuador (10) et le Danemark (11).

La plupart de ces traités sont basés sur les mêmes
principes que le traité avec la Confédération de l'Allemagne du Nord, et attachent l'effet de l'expatriation à
une naturalisation suivie de 5 années de résidence. Les

(1) 26 mai 1868.
(2) 19 juill. 1868.
(3) 27 juill. 1868.
(4) 1er août 1868.
(5) 10 juill. 1868.
(6) Traité de Washington, du 8 mai 1871.
(7) 16 nov. 1868.
(8) 26 mai 1869.
(9) 20 sept. 1870.
(10) 28 juin 1872.
(11) 20 juill. 1872.

traités avec la Belgique, le Danemark, la République de l'Ecuador et la Grande-Bretagne, portent cependant que la naturalisation doit éteindre la première nationalité, sans référence à aucun délai de résidence dans le pays adopté.

D'autre part, ils sont tous d'accord pour déclarer 1° que le citoyen naturalisé ne doit être poursuivi par son pays d'origine que pour des délits commis avant son émigration ; 2° que le citoyen naturalisé peut renoncer à sa naturalisation.

On remarquera encore que, à l'exception des traités conclus avec l'Autriche, le duché de Bade, la Belgique et la Grande-Bretagne, les autres traités, à l'exemple de la Convention Bancroft, attachent la renonciation à la naturalisation, au renouvellement de la résidence dans le pays d'origine, lorsque cette résidence excède deux ans. D'après le traité avec le Mexique, le citoyen naturalisé peut éviter la perte de sa naturalisation en prouvant son intention de retourner dans son pays d'adoption.

Enfin plusieurs des traités contenant la clause des deux années de résidence dans l'ancienne patrie, expliquent soit dans le texte, soit dans le protocole, que ces deux années ne suffisent pas par elles-mêmes pour faire renaître l'ancienne nationalité *ipso jure*.

Environ 90 0/0 (1) des immigrants venus d'Europe en

(1) Edm. Munroe Smith, *op. cit.*

Amérique en 1881, et environ 93 0/0 de la totalité de
l'immigration européenne aux États-Unis de 1821 à
1881, sont venus des pays avec lesquels les États-Unis
ont aujourd'hui des traités sur l'expatriation.

Les États avec lesquels les États-Unis n'ont pas de
semblables traités, mais dont le droit privé attache à
une naturalisation à l'étranger l'effet de l'expatriation,
ont fourni 5, 4 0/0 de la totalité de l'immigration européenne de 1821 à 1881 et 6,2 0/0 en 1881.

Le reste de l'immigration européenne aux États-Unis
(c'est-à-dire de 1821 à 1881 : 1, 9 0/0; en 1881, 4,4 0/0)
vient de la Russie et de la Suisse. La Russie, comme on
l'a vu précédemment, ne permet pas en principe à l'individu de s'expatrier de lui-même ; et si la Suisse le permet, elle n'attache cependant pas ce résultat au seul fait
d'une naturalisation acquise en pays étranger.

Quant à la diplomatie allemande elle paraît aujour-
d'hui s'inspirer particulièrement du système pratiqué
par la Grande-Bretagne : elle n'accorde protection à ses
nationaux que sous réserve des droits de l'État dont les
individus ont pu acquérir ou garder la nationalité. Il
est difficile de nier que cette manière de faire, jointe à
l'application du *jus sanguinis* comme base de la nationalité d'origine, permette d'éviter bien des difficultés,
s'il est vrai que depuis 1879, comme on l'a fait remarquer récemment, le recueil des arrêts rendus en matière civile par le Reichsgericht de Leipzig, ne contient

pas une seule décision relative à la nationalité (1).

De même encore qu'en Angleterre, en Suisse, où l'on exige cependant avant toute naturalisation la production d'un titre, acte ou promesse (2) de libération, la jurisprudence fédérale a admis le fait et par là même la possibilité d'un cumul de nationalités (3).

La pratique des États de l'Amérique du Sud varie avec les gouvernements auxquels ces États ont affaire.

Entre la France et le Brésil (4) un simple *modus vivendi* de fait et momentané résultait jusqu'à l'année dernière des bonnes dispositions du gouvernement brésilien qui, volontairement, omettait de porter sur les listes de conscriptions locales les individus nés de parents français ; et ces derniers n'avaient qu'à inscrire la naissance au consulat de France du lieu de leur résidence, pour que les enfants fussent français.

A l'égard du Vénézuéla le conflit existe dans toute sa rigueur. Il suffit à cet égard de lire la note de 1874, envoyée par le Gouvernement vénézuélien aux représentants de l'Italie et de la France (5) : «... la constitution du Vénézuéla ayant posé en principe que tout individu né sur le territoire de la République est vénézuélien,

(1) Klœppel, *La nationalité et la naturalisation dans l'Empire allemand*. (*Journ. dr. intern. pr.* 1891, p. 432).

(2) Cf. *Journ. dr. int. pr.* 1891, p. 693.

(3) Jugement du tribun. fédér. du 8 juin 1876, et du 11 juin 1880 (*Journ. dr. intr. pr.* 1880, p. 283, — et Weiss, p. 13).

(4) Cogordan, p. 45.

(5) Cogordan, p. 44, qui renvoie aux *Estudios sobre nacionalidad, naturalizacion y ciudadania por un pr. secret. de legac.*, p. 252 et 253.

quelle que soit la nationalité de ses parents, les fils d'I-
talien nés au Vénézuéla sont Vénézuéliens, quelles que
soient les dispositions du Code italien... Cette loi étrangère n'a aucune force sur le territoire de la République.
En conséquence, le gouvernement tiendra pour Vénézuéliens, de droit et de fait, les fils nés au Vénézuéla de
parents italiens, sans aucune exception, et les regardera
comme investis des droits et soumis aux obligations
que la constitution et les lois de la République accordent
ou imposent aux autres citoyens ».

L'Angleterre, grâce au système suivi par sa diplomatie, a pu éviter les conflits. L'Espagne, qui est l'État
peut-être le plus intéressé dans les relations de l'Europe
avec les gouvernements de l'Amérique du Sud, fut bien
obligée d'adopter la même manière d'agir. Elle conclut
un premier traité en 1840 avec l'Equateur, puis une
série d'autres avec le Chili (1), le Vénézuéla (2), la Bolivie (3), la Costa-Rica (4), le Nicaragua (5) ; elle déclarait
ne considérer comme Espagnols dans ces pays que les
individus nés dans le ressort de sa juridiction ainsi que
leurs enfants, à l'exception de ceux de ces derniers qui
seraient natifs de ces États. Enfin en 1863 (6), l'Espagne
convenait avec le gouvernement argentin d'appliquer

(1) Tr. du 25 avril 1844.
(2) Convention du 30 mars 1845.
(3) Conv. du 21 juin 1847.
(4) Conv. du 10 mai 1850.
(5) Conv. du 25 juillet 1850. Ce traité et les précédents sont cités
par Cogordan, p. 47.
(6) Convention du 21 septembre 1863, Cogordan, *loc. cit.*

réciproquement aux individus établis sur leur territoire respectif la loi en vigueur sur ce territoire même. « On observera respectivement, était-il dit, dans chaque pays les dispositions de la constitution et des lois de ce pays ». C'était admettre formellement le cumul des deux nationalités et fixer par avance la solution des difficultés que cette situation entraînerait : l'individu argentin d'après la loi argentine ne peut s'y prévaloir de la qualité d'espagnol qui lui appartient d'après la loi espagnole et réciproquement.

En France la pratique diplomatique a toujours été, au contraire, absolument opposée au cumul de plusieurs nationalités (1). Le système suivi s'est particulièrement affirmé en 1848 dans une circonstance devenue depuis célèbre. Il s'agissait d'une demande en naturalisation française formulée par Lord Brougham (2). Ce dernier ne s'était pas borné à cette demande, il voulut faire en sorte que sa naturalisation se conciliât avec son allégeance due à la couronne d'Angleterre, et il entendait conserver cette allégeance lors de ses séjours dans ce pays.

(1) Cf. d'Aguesseau, 32e plaidoyer. — Treilhard, Exposé des motifs du tit. I du C. civ. dans Locré, *Législat. civile*, I, p. 468, n° 12.

(2) L'affaire de Lord Brougham se trouve rapportée, avec la correspondance à laquelle elle a donné lieu entre celui-ci et M. Crémieux, dans le *Nouv. Recueil gén. de Traités*, de F. Murhard (continuation du *Grand Recueil* de De Martens), t. XI, 1847-48 (Gotting. 1853), p. 436. — On la trouvera citée également, mais sans indication des sources, dans F. Wharton, *Conflict of laws* (2e éd. 1881), § 8, p. 16 et s., en note ; Heffter, *Dr. int. de l'Eur.* (par Geffcken, 1883), p. 137 en note ; Cogordan, p. 15 (1890). — Lawrence sur Wheaton, III, 209.

M. Crémieux, alors ministre de la justice, lui avait écrit : « Je dois vous avertir des conséquences qu'entraînera, si vous l'obtenez, la naturalisation que vous demandez. Si la France vous adopte pour l'un de ses fils, vous cesserez d'être Anglais. Vous n'êtes plus Lord Brougham, vous devenez le citoyen Brougham. Vous perdez à l'instant tous privilèges, tous avantages de quelque nature qu'ils soient, que vous tenez, soit de votre qualité d'Anglais, soit des droits que vous confèrent jusqu'à ce jour les lois ou les coutumes anglaises, qui ne peuvent se concilier avec notre loi d'égalité entre tous les citoyens..... » Lord Brougham voulut insister ; M. Crémieux lui répondit : « La France n'admet pas de partage ; elle n'admet pas qu'un citoyen français soit en même temps citoyen d'un autre pays. Pour devenir français, il faut que vous cessiez d'être anglais. Vous ne pouvez être Anglais en Angleterre et Français en France : nos lois s'y opposent et il faut nécessairement opter ».

A l'égard des conflits de nationalités de naissance, le gouvernement avait pensé, sur les instances de M. Walewski, ministre des affaires étrangères, à disposer législativement que les enfants nés de parents français à l'étranger eussent désormais à réclamer la qualité de Français comme dans le cas de l'article 9 du Code civil. Les travaux d'une commission réunie en 1858, n'aboutirent qu'à un projet de circulaire, auquel on ne donna pas suite, et qui soulignait le caractère de *faveur* que l'administration entendait reconnaître à la protection diplomatique. Ce ne fut qu'en 1873 qu'une circulaire ministérielle du 16 juin vint réglementer la question de protection afin d'assurer l'application de la loi militaire de 1872 (1). Aux termes de ses dispositions, le gouvernement déclarait ne protéger que les individus se soumettant aux obligations du service militaire ; il faisait de l'accomplissement de ce devoir le critérium de la nationalité française. — L'article 50 de la dernière loi militaire du 15 juillet 1889 a supprimé à peu près l'efficacité de ce moyen pratique pour les jeunes gens qui, avant dix-neuf ans, ont établi leur résidence hors d'Europe, en les dispensant du service militaire pendant la durée de leur séjour à l'étranger.

Il convient enfin d'ajouter que par convention du 30 juillet 1891, les gouvernements belges et français se sont efforcés d'obvier et de mettre fin aux difficultés résultant de l'application réciproque des lois sur le service militaire et sur la nationalité.

Ainsi conformément à l'article 3 de cette convention, les individus qui auront changé de nationalité soit durant leur minorité soit dans l'année qui aura suivi leur majorité, seront dégagés du service militaire dans leur ancienne patrie et astreints au service dans le pays auquel ils appartiennent désormais.

On remarquera particulièrement la concession faite par le gouvernement belge à la France, dans l'article 4 de ladite convention, où il est dit que « Les jeunes gens

(1) Cogordan, p. 51.

nés en France de parents belges, qui eux-mêmes y sont
nés, ne seront pas appelés au service militaire en Belgique ». C'est l'acceptation par la Belgique, au profit de la
France, d'une des dispositions les plus rigoureuses de
la loi de 1889. Quant aux jeunes gens nés en Belgique de
parents français, qui eux-mêmes y sont nés, ils ne sont
astreints au service militaire en Belgique et dispensés
de cette obligation en France, que s'ils ont opté pour la
nationalité belge, conformément à l'article 9 du Code
civil belge.

CHAPITRE VI

DES DIFFICULTÉS SOULEVÉES PAR LE CUMUL DES NATIONALITÉS ET ENVISAGÉES PAR RAPPORT AUX INDIVIDUS.

Difficultés relatives au service militaire, à l'application du droit privé. — Système proposé.

On a vu dans ce qui précède dans quels cas une personne peut avoir en même temps la qualité de national dans deux États différents. On a vu également comment la pratique diplomatique des États intéressés traitait les difficultés qu'une telle situation comporte. Mais ce n'est là envisager la question que dans les rapports d'État à État. Il convient de l'examiner également au point de vue de l'individu ; car si la diplomatie peut bien diminuer les difficultés qui s'élèvent dans le premier cas, il n'en est plus toujours de même dans le second. Si, par exemple, entre États les difficultés peuvent être écartées par la reconnaissance de la possibilité ou du fait du cumul de plusieurs nationalités, il est aisé d'apercevoir que la situation reste aussi difficile pour l'individu ; bien plus, non seulement en temps de guerre, mais même en temps de paix, elle peut devenir très dangereuse, à cause de l'obligation au service militaire.

Un exemple bien connu à cet égard est, au XVIIIe siècle, celui d'Aeneas Mac Donald (1), qui avait été élevé
et domicilié en France, mais qui par sa naissance de
parents anglais était sujet de la Grande-Bretagne. Il
avait servi comme officier, en vertu d'une Commission
française. Ayant été fait prisonnier, il fut condamné à
mort pour avoir porté les armes contre le roi d'Angleterre son souverain. Il est vrai que la sentence fut com-
muée et que Mac Donald demeura seulement soumis au
bannissement, de telle sorte qu'il fut tout simplement
renvoyé chez lui. Mais il n'en resta pas moins en prison
jusqu'en 1749 ; et à la fin du Report, il est dit en note,
que bien d'autres affaires du même genre s'étaient pré-
sentées.

De très nombreux cas de cette espèce ont eu lieu au
commencement de ce siècle, touchant des sujets britanniques naturalisés aux États-Unis. Le gouvernement
américain, comme on l'a vu plus haut, n'a jamais eu la
prétention de protéger ses sujets contre les États auxquels
ces personnes pouvaient devoir leur première allégeance.
Si l'Angleterre, à laquelle le citoyen naturalisé américain appartenait par sa naissance, voulait le considérer
comme son sujet en dépit de sa naturalisation aux États-
Unis, le gouvernement américain lui reconnaissait le
pouvoir et le droit de le traiter comme tel dans le res-

(1) State Trials, vol. XVIII, p. 858. — Cf. Christian's Blackstone
I, 370. — *Natur. Rep.*, 16.

sort de la juridiction anglaise. Mais naturellement il résista à ce qu'il en fût de même dans le ressort de la juridiction américaine. Or c'était précisément ce que l'Angleterre s'efforçait de faire, en voulant user du « right of visitation and search ». La guerre de 1812 en fut la conséquence.

Pendant cette guerre l'Angleterre essaya à plusieurs reprises d'envoyer devant le jury, sous inculpation de trahison, nombre de prisonniers, sujets anglais par naissance et citoyens américains par naturalisation. Le gouvernement américain, de son côté, voulant agir de même, mit de côté deux fois autant de prisonniers anglais et les menaça de représailles. Pour des États civilisés, il était évidemment impossible de commencer à tort ou à raison une semblable hécatombe de prisonniers de guerre. Aussi, en fait, les poursuites pour trahisons ne furent pas poussées plus loin, et les prisonniers furent réciproquement échangés de part et d'autre.

En 1703 le gouvernement britannique alla même jusqu'à menacer de poursuites et de rappel un individu anglais d'origine et naturalisé Danois, qui faisait le négoce avec l'Espagne en guerre alors avec l'Angleterre (1).

De même à la fin du siècle dernier, pendant la guerre entre la France et l'Angleterre, la France fut menacée

(1) Cf. Forsyth, *Cases and opinions in Constit. law*, ch. IX, p. 252: opinions of the Attorney general, Sir Edward Northey, on the question of Alienage, and Trading with Her Majesty's Enemies.

de représailles, si elle traitait comme traîtres aucun émigré servant sous le drapeau anglais, encore que ceux-ci n'eussent pu en réalité se prévaloir de la qualité de sujets britanniques.

On connaît également les cas de Martin Koszta (1853) (1), de Simon Tousig (1854) (2), de Lucien Alibert (1852) (3). Ce dernier étant sujet français, était venu en Amérique à l'âge de 18 ans. Il y fut naturalisé à 26 et retourna en France à 33 ans : il y fut arrêté comme insoumis. Il opposa en vain sa naturalisation en Amérique, et fut condamné, puis d'ailleurs gracié.

Enfin depuis le traité de Francfort de 1871, on a vu les divergences d'opinions soutenues par les gouvernements de Paris et de Berlin au sujet de la nationalité des Alsaciens-Lorrains et de leurs enfants mineurs. Nombre d'individus furent poursuivis en Allemagne comme déserteurs et réfractaires à la loi militaire, qui au regard de la France pouvaient se dire français mais qui étaient allemands à l'égard de l'Allemagne.

Entre la France et la Belgique il est à espérer que la convention du 30 juillet 1891, déjà citée, mettra fin aux difficultés relatives au service militaire entre ces deux pays. Tout en assurant l'individu contre les conséquences

(1) Cf. Wheaton, *Intern. law* (Lawrence), p. 29. — Hall, *Intern. law*, p. 217 (2e éd.) — Woolsey, *Intern. law*, p. 131. — Pitt Cobbett, *Leading Cases and opinions on intern. law*, p. 54 et s.

(2) Wheaton, *op. cit.* app. p. 929.

(3) *U. St. Sen. Doc.*, 1859-60, vol. II, p. 176.

fâcheuses du conflit des lois (1), elle protège d'autre part les États eux-mêmes contre les fraudes que peuvent faciliter les cas de double nationalité (2). Egalement entre la France et la Belgique une convention analogue à la précédente servirait peut-être à résoudre les questions de nationalité qui, entre ces deux pays, s'élèvent souvent en matière électorale, à propos de la révision des listes(3).

(1) Cf. art. 1. « Ne sont pas inscrits d'office, avant l'âge de 22 ans accomplis, sur les listes du recrutement militaire *belge* : — 1º les individus nés en France d'un Belge et domiciliés sur le territoire français, qui tombent sous l'application de l'article 8, § 4 du Code civil français ; — 2º Les individus nés en France d'un Belge, qui peuvent invoquer l'article 9, § 1 du Code civil français ; — 3º Les individus nés d'un Belge naturalisé Français pendant leur minorité, qui tombent respectivement sous l'application des articles 12, § 3, et 18 du Code civil français ». — Art. 2. « Ne seront pas inscrits d'office, avant l'âge de 22 ans accomplis, sur les listes du recrutement militaire français : — 1º Les individus nés en Belgique d'un Français qui peuvent invoquer l'article 9 du Code civil belge ; — 2º Les individus nés d'un Français naturalisé belge pendant leur minorité, lesquels peuvent décliner la nationalité belge conformément à l'article 4, § 1 de la loi belge du 6 août 1881 ; — 3º Les individus qui peuvent décliner la nationalité française conformément aux articles 2, § 4, 12, § 3 et 18 du Code civil français, à moins que pendant leur minorité, il y ait eu renonciation à leur droit d'option conformément à l'article 11 du règlement d'administration publique français du 13 août 1889 ». — Art. 8. « Les individus qui, avant la mise en vigueur de la présente convention, ont satisfait à la loi militaire dans l'un des deux pays, sont dégagés du service militaire dans l'autre ».

(2) Art. 7. « Les deux gouvernements se communiqueront réciproquement et dans le plus bref délai possible les actes reçus par leurs autorités respectives dans les cas visés par la présente convention. Ils se signaleront, en outre, les individus qui se seront soustraits au service militaire dans l'un des deux pays, en excipant de la qualité de nationaux dans l'autre ».

(3) Cf. *Revue de dr. intern.*, 1881, p. 52. *Bulletin de la jurispr. belge* par A. Du Bois.

— **Enfin au regard du droit** privé, on aperçoit facilement la situation compliquée qu'entraîne une double
nationalité, là où il est de règle internationale d'appliquer aux questions juridiques la loi nationale de l'individu ; par exemple pour le droit relatif à l'état et à la
capacité des personnes, à la puissance paternelle, aux
successions mobilières, etc..... L'individu ayant deux
nationalités, se trouve avoir deux lois nationales ; laquelle
doit-on donc appliquer ?

Le droit international est obligé de s'occuper de toutes
ces difficultés : il ne peut pas, il est vrai, trancher la
question de savoir à quel État l'individu appartient,
mais il peut décider comment la situation doit être envisagée.

Or à cet égard le problème présente plusieurs solutions : car on peut prétendre à l'application soit de la loi
de la plus ancienne nationalité, soit de la loi de la nationalité acquise en dernier lieu, soit enfin de la loi du
domicile actuel sans aucune référence à la qualité de
national.

Le système de la loi de la plus ancienne nationalité,
préconisé par Savigny (1), se heurte à des difficultés
qui en rendent la pratique impossible. Si l'on suppose,
en effet, que l'individu ayant une double nationalité
réside dans l'État dont il a acquis en dernier lieu la
citoyenneté, cet État, qui le considère comme son na-

_____

(1) **Savigny**, VIII, p. 101 et 88. — Cf. Bluntschli, *Allgem. Staatslehre*
(5e éd.) I, p. 241 (1875). — Falcke, *op. cit.*, p. 23.

tional, ne peut, sans porter atteinte à sa propre souveraineté, le traiter comme un étranger et ne pas lui appliquer les lois du pays. Notamment en ce qui concerne le service militaire, comment admettre qu'un État tolère qu'un individu, réputé national d'après ses lois, n'accomplisse pas cette obligation comme tous les autres citoyens ?

La même remarque doit faire écarter l'application de la loi de la nationalité la plus récente ; car, par réciproque, il suffit de supposer l'hypothèse où l'individu résiderait dans son ancienne patrie, pour que s'élèvent les mêmes difficultés que ci-dessus.

C'est donc à tort qu'on rechercherait la solution du problème ainsi que l'ont fait quelques auteurs (1), dans la prépondérance d'une des lois nationales sur l'autre.

Le système qui paraît le plus pratique, consiste à appliquer à l'individu la loi du pays où se trouve son domicile actuel (2). Car à l'égard de ce pays il est un national, et, par conséquent, il ne peut qu'être traité comme tel, tant qu'il y réside, il doit être soumis aux mêmes obligations et jouir des mêmes droits que les autres citoyens. C'est le système que nous avons vu précédemment adopté par la convention hispano-argentine du 21 septembre 1863 (3).

Il en résulte que l'individu ayant une double natio-

(1) Ainsi Brocher, par exemple, I, n° 70, p. 240.
(2) Cf. dans ce sens Weiss, p. 552. — Asser et Rivier, p. 55, n° 22.
— Godefroid, p. 184 et s. — Vincent et Penaud, v° *Nationalité*, n° 4.
(3) Cf. *suprà*, p. 183.

nalité ne saurait se prévaloir de sa qualité de national dans un des États dont les sujets, par l'effet de traités, jouiraient de privilèges ou d'avantages particuliers (1).

Il convient seulement de remarquer que l'application de la loi du domicile ne supprime pas toutes les difficultés ; dans certains cas elle leur donne même naissance.

C'est ce qui a lieu à l'égard de la femme et des enfants de celui qui a une double nationalité. Supposons en effet que ce dernier soit citoyen du pays A et du pays B et qu'il soit domicilié dans celui-ci. S'il s'y marie il mettra sa femme exactement dans la même situation que lui-même. Au regard du pays B, en effet, elle épouse un national et reste nationale elle-même, tandis que dans le pays A elle est réputée également épouser un national et suivre la condition de son mari. Et, quant aux enfants issus de cette union, leur situation sera analogue, car ils seront réputés nationaux par les deux patries de leurs parents.

En France, au point de vue du service militaire, on a proposé (2), pour atténuer les conséquences rigoureuses des cas de double nationalité dus à la législation civile, que l'État demandât l'abdication de la qualité de français aux individus apportant la preuve qu'ils sont actuellement, en dehors de toute naturalisation, citoyens

(1) Cf. Vincent et Penaud, *loc. cit.* — St-Denis, 9 déc. 1887, *Le Droit* du 12 janvier 1888.
(2) Clunet, *Journ. du dr. int. pr.*, 1890, p. 103.

d'un autre État. Le gouvernement autorisera alors cette
expatriation, et son autorisation est, dit-on, « aussi bien
commandée dans l'hypothèse où le français d'origine
répudie la nationalité française en excipant de l'effet
immanent de la loi étrangère (nationalité d'origine) que
dans l'hypothèse où il se réclame de son effet accidentel
(acte de naturalisation) ». — Malheureusement cela
ne paraît guère possible en face du texte de la loi (article 17 du C. civ.); car il suffira de remarquer qu'elle
exige pour la rupture de la nationalité française (expatriation) une naturalisation véritable, c'est-à-dire un
changement de nationalité, l'*acquisition* d'une nationalité
nouvelle, et non pas la simple preuve qu'on est citoyen
d'un autre État.

CHAPITRE VII

CONCLUSION

Dans les chapitres qui précèdent on a vu comment les individus peuvent avoir plusieurs nationalités différentes en même temps ; on a vu également comment étaient traitées les difficultés qui en résultent dans les rapports d'État à État, et comment devaient l'être celles qui en résultent pour l'individu.

Mais ces solutions sont, comme on a pu en juger, bien imparfaites et la possibilité des hypothèses de doubles nationalités n'en reste pas moins une lacune considérable laissée par le droit moderne des États civilisés. Aussi a-t-on cherché les moyens propres à prévenir ces conflits pour l'avenir.

On a proposé (1), à cet égard, d'écrire dans toutes les législations deux dispositions, l'une rattachant partout à la filiation, c'est-à-dire au *jus sanguinis*, la nationalité d'origine, l'autre subordonnant tout changement de nationalité à la rupture de l'allégeance antérieure.

Malheureusement la première de ces deux propositions paraît bien difficile sinon impossible dans la pratique. L'usage du *jus soli*, comme on l'a vu précédem-

(1) Weiss, p. 13.

ment (1), n'est pas pour les États simple affaire de caprice, d'ambition militaire ou de traditions surannées. En Europe on peut bien souhaiter en effet que le *jus san-guinis* existe partout. Mais pour les États jeunes comme le sont la plupart de ceux du Nouveau-Monde ou de l'Australie, on conçoit que la pratique en serait absolument contraire au développement et à la vie même de ces États, qui ont besoin d'accroître le plus possible le nombre de leurs nationaux. Ce qu'on peut souhaiter c'est une disposition permettant d'exiger de ceux qui ont une double nationalité et qui excipent de l'une des deux qualités, de choisir définitivement celle qu'ils entendent conserver (2). S'ils déclarent répudier la nationalité de l'État où ils se trouvent, celui-ci a à sa disposition le droit d'expulsion, dont il peut incontestablement user envers des individus désormais étrangers.

Quant aux doubles nationalités par suite de naturalisation, on ne peut mieux faire que d'adopter la proposition citée ci-dessus et de subordonner tout changement de nationalité à la rupture de l'allégeance antérieure : c'est ce qu'ont fait les législateurs en Suisse, au Luxembourg, en Suède et en Norwège (3).

Enfin on a fait souvent remarquer, et avec raison, qu'à défaut d'une entente générale, parfois difficile à

(1) Cf. *suprà*, p. 110.
(2) Telle est la pratique administrative allemande. — Cf. à cet égard, Klœppel, *La nationalité et la naturalisation dans l'Empire allemand* (*Journ. dr. int. pr.*, 1891, p. 433).
(3) Cf. *suprà*, p. 105.

obtenir entre tous les États ou le plus grand nombre des États, des conventions diplomatiques offrent également un moyen, partiel il est vrai, mais efficace d'arriver au même résultat. Et à cet égard on doit souhaiter de voir se multiplier des conventions analogues à celles qui ont été citées précédemment, et qu'ont conclues entre elles la Russie, l'Autriche, la Prusse en 1815 et 1857 (1), ou encore celle à laquelle ont adhéré les États de la Confédération germanique en 1831, celles qui furent signées avec les États-Unis à la suite de la *Convention Bancroft*, ou enfin celle de 1891 qui réglera désormais les rapports de la France et de la Belgique à l'égard du service militaire. Cette dernière convention est encore cependant insuffisante, puisqu'elle ne traite que du service militaire, et laisse ainsi le champ ouvert aux autres difficultés.

(1) Cf. *suprà*, ibid.

APPENDICE

SUR LA DOUBLE NATIONALITÉ DES SOCIÉTÉS

Dans l'étude précédente, nous ne nous sommes occupés que de la nationalité des individus, que des rapports des personnes physiques avec les États dont ils font partie. Mais le droit moderne connaît à côté des personnes physiques, des personnes morales : telles sont les sociétés de commerce, qu'à défaut de texte formel au moins en France, une tradition très ancienne fait regarder comme telles.

Parmi les conséquences qu'entraîne avec elle cette personnalité, la nationalité de la société est une des plus importantes. Les conditions de validité, au moins dans les sociétés par actions (1), les conditions de

(1) C'est ainsi qu'en France, aux termes de la loi du 24 juillet 1867 (art. 1), pour qu'une société par actions soit valablement constituée, il faut la souscription intégrale du capital social, le versement du quart du montant de chaque action, et enfin l'observation d'un minimum d'actions selon le montant du capital social ; tandis qu'en Belgique, le versement d'un dixième suffit (l. 18 mai 1873, art. 29, modifié par la l. 22 mai 1886) ; qu'en Italie, la loi exige le versement des trois dixièmes du capital (C. com. art. 131) ; qu'en Allemagne, elle exige le quart du montant des actions (Handels G. B., art. 210, l. 18 juillet 1884), lesquelles doivent être, en principe, d'au moins mille marcks (ibid., art. 207 a) ; qu'en Suisse, elle n'exige que le cinquième (C. féd. des Oblig., art. 262) ; qu'en Angleterre rien n'est prescrit sur la quotité dont les actions doivent être libérées ou sur

fonctionnement et de liquidation (1), les règles sur le droit d'ester en justice (2), la faillite, le droit de battre tel ou tel pavillon pour les compagnies maritimes, sont autant de points où les questions de nationalité présentent un intérêt pratique considérable. On remarquera cependant que ces questions ne se poseront guère que pour les sociétés par actions ; car pour les sociétés en nom collectif ou en commandite simple, les règles qui les régissent sont à peu près les mêmes partout et par conséquent il y a peu d'intérêt pour les fondateurs à les faire étrangères (3).

Le règlement de cette nationalité donne lieu à des systèmes différents selon l'intérêt des parties en jeu, et

la portion du capital social qui doit être souscrit ; qu'en Portugal, un versement de 10 0/0 du montant de l'action est nécessaire (C. com, art. 162).

(1) Ainsi en France les administrateurs doivent être pris nécessairement parmi les associés (l. 24 juill. 1867, art. 22) ; tandis qu'en Allemagne le Code de commerce ne l'exige pas (Cf. Handels G. B. art. 227, l. 18 juill. 1884) ; qu'en Belgique on ne leur demande qu'un dépôt d'actions, qui peuvent ne pas leur appartenir (l. 18 mai 1873, art. 45, 48). — En France la jurisprudence reconnaît aux liquidateurs, en vertu de leur mandat général d'administrer, le droit de demander aux actionnaires le versement complémentaire non encore effectué de leurs actions (Paris, 4 mai 1888, Dall. 1889, II, 1).

(2) Lorsque conformément à la loi du 30 mai 1857 une société étrangère a été autorisée, elle peut bien ester en justice, mais elle doit la *cautio judicatum solvi*, si elle agit comme demanderesse.

(3) Lyon-Caen, De la nationalité des sociétés, *Journ. des soc.*, 1880, n° 15, p. 40. — Sur la nationalité à donner aux sociétés de personnes, Cf. Chavegrin, note dans *Sirey*, 1888, II, 89. — Cf. en France, Trib. civ. de la Seine, 26 mai 1884, *Sir.*, 1888, II, 89. — En Italie, *Cod. mar. merc.*, art. 40, 3°. — En Allemagne, L. 25 oct. 1867, § 2, 2° *in fine.*

l'admission simultanée de l'un ou de l'autre de ces systèmes par la jurisprudence des différents États au sujet
d'une même société, rend naturellement possible le fait
d'une double nationalité.

A cet égard on s'est attaché, comme il était assez
naturel de le faire, aux divers éléments de la société susceptibles de servir de critérium sur ce point, c'est-à-dire
au lieu où s'est formé et parfait le contrat, au lieu du
siège social et du domicile de la société, au lieu de l'exploitation, enfin à la nationalité des associés.

Il est presque inutile de faire remarquer qu'aucune
difficulté ne peut s'élever lorsque ces divers éléments
concordent entre eux et que l'État dans lequel la société
a son domicile est celui où elle a été constituée, où elle
fait ses opérations, et celui dont les associés sont nationaux. Mais il se peut qu'il n'en soit pas ainsi : l'un des
critériums ci-dessus peut ne pas concorder avec les
autres, tous peuvent donner un résultat différent ; une
société constituée à Paris peut avoir son siège social à
Bruxelles, être composée de sujets britanniques et opé-
rer en Allemagne ou en Espagne.

C'est alors que s'est posée la question de savoir à quel
élément dominant il fallait rattacher la nationalité.

On est d'accord pour ne pas prendre en considération
le pays dans lequel le contrat de société a reçu sa per-
fection par la souscription du capital (1). En effet les

(1) Lyon-Caen, *op. cit.*, n° 8, p. 35. — Cpr. loi belge du 18 mai
1873, art. 129.

souscriptions se font le plus souvent dans plusieurs pays et d'ailleurs la règle *locus regit actum* ne concerne que la forme des actes.

On est également d'accord (1) pour écarter le système d'après lequel on devrait se référer à la nationalité des associés ; car, quelque considération qu'on attache, en fait, à leur personnalité, la société n'en est pas moins, en droit, un être moral distinct, ayant son existence juridique propre.

Les deux autres systèmes comptent chacun de nombreux partisans soit en France, soit à l'étranger.

En France, Lyon-Caen (2), Boistel (3), Weiss (4), en Belgique, Asser et Rivier (5) reconnaissent à la société la nationalité de l'État dans lequel est la principale exploitation ; ils s'appuient à cet égard sur ce que la nationalité d'une société ne doit pas être liée à des circonstances ou à des faits qui dépendent exclusivement de la volonté de l'homme, comme l'est la fixation du siège social (6).

En 1863, la Cour de cassation de France a sanctionné

(1) Cf. en France : Paris, 23 janvier 1889, Dall. 1890, II, 1 et la note ; — Lyon-Caen, *ibid.*, n° 7. — Cpr. cependant un jugement déjà ancien du Trib. com. de la Seine, du 9 novembre 1846, rapporté par Fœlix, I, 246, note (*a*).

(2) Lyon-Caen, *op. cit.*, p. 32, 36 et *Précis de dr. comm.*, I, n° 545, p. 295.

(3) *Cours de dr. comm.*, n° 396 *ter* (3e éd.).

(4) *Tr. dr. intern. pr.*, p. 441.

(5) *Élém. dr. intern. pr.*, p. 197, note 1.

(6) Lyon-Caen, *loc. cit.*, n° 9.

cette manière de voir (1), mais elle l'a abandonnée aujourd'hui (2). On cite en ce sens un arrêt du Reichsgericht de Leipzig (3). C'est le système adopté par le Code de commerce italien (4), par le Code de commerce portugais (5). En Angleterre (6), il paraît résulter des dispositions du *Merchant Shipping Act* 1854, relatives aux conditions de nationalité des navires, que pour être anglaise la société maritime doit avoir été fondée en Angleterre et y avoir sa *principal place of business*.

La jurisprudence française (7) la plus récente prend au contraire en considération l'État sur le territoire duquel est situé le siège social, sans s'occuper du lieu d'exploitation, par cette raison que la référence à ce dernier élément serait très difficile sinon impossible dans le cas d'une société de crédit dont les opérations sont forcément internationales.

La loi allemande du 25 octobre 1867 sur la nationalité

---

(1) Cass. 10 février 1863, *Sir*, 1863, I, 199. — Cpr. Cass., 4 mai 1857, Dall. 1857, I, 408. — Cass. 13 mars 1865, Dall. 1865, I, 228.

(2) Paris, 23 janvier 1889, Dall. 1890, II. 1.

(3) 25 novembre 1871 (Vincent et Penaud, vº *Société*, nº 7).

(4) C. com. art. 229, 4º.

(5) C. com. art. 110.

(6) Merch. Ship. Act. 1854 (17 et 18 Vict. c. 104, sect. 18). — Stephen, *Comm.*, III, 155.

(7) Paris, 20 juin 1870, Dall 1870, I, 416. — Paris, 16 juillet 1886. *Journ. des soc.*, 1889, p. 174. — Paris, 29 janvier 1889, Dall. 1890, II, 1. — Dans le même sens : Fœlix, *Tr. dr. intern. pr.*, II, 33. — Vavasseur, *Journ. dr. intern. pr.*, 1875, p. 345 et s. — Lefèvre, *ibid.*, 1882, p. 403 ; — Thaller, *Rev. crit.*, 1883, p. 340 ; — Deloison, *Tr. des soc. comm.*, I, nº 164. — Cohendy, Dall. 1890, II, 3.

des navires de commerce (1) s'attache également, en
ce qui concerne les sociétés maritimes, au siège social,
mais elle exige que la société ait été constituée en Allemagne.

La loi belge de 1873 (2) laisse place à la controverse
en déclarant s'attacher au principal établissement, sans
s'expliquer sur le sens de cette expression.

Aux États-Unis on paraît s'attacher à la principale
exploitation. En principe, il est vrai, la société tire sa
nationalité de celle de ses membres (3). Quelques déci-
sions ont été rendues en ce sens. Mais cette manière de
voir ne pouvait durer, et au moyen d'une fiction légale,
dont, à l'exemple du droit romain, le droit anglo-américain fait volontiers usage pour tourner les difficultés, on
considéra la société organisée et agissant (*doing business*) dans un État donné, comme un habitant de cet État,
ayant la même existence juridique qu'un *citizen* (4).
Ainsi on peut l'observer notamment pour le droit d'ester
en justice : l'action est considérée comme intentée pour
ou contre les associés, mais ceux-ci, *for purposes of*

(1) L. 25 oct. 1867, § 2, 2°.

(2) Art. 129. « Toute société dont le principal établissement est
en Belgique est soumise à la loi belge, bien que l'acte constitutif
ait été passé en pays étranger ».

(3) Cf. Kent, *Comm.*, I, 347, II, 284 et 285. — Breithaupt *v.* the
Bank of Georgia, I Peters, p. 238 ; — Ward, *v.* Arredondo, I Paine,
p. 440 ; — Bank of Cumberland, *v.* Willis, III Summer, p. 472 ; —
Bank of the United States *v.* Deveaux, Cranch, p. 84 ; — Comm.
and RR. Bank of Wicksburg *v.* Slocomb, XIV Peters. p. 60.

(4) Pour la première fois dans Louisville Railroad Co. *v.* Letson,
II Howard, p. 497.

jurisdiction, sont par fiction présumés être citoyens de
l'État dans lequel la société a été établie (1).

On voit dès lors comment une même société peut se
trouver réputée nationale dans plusieurs États différents : il suffira que dans tel pays la loi ou la jurisprudence s'attache au lieu du siège social, tandis que dans
tel autre pays on prendra en considération le lieu de la
principale exploitation. On aperçoit aisément le danger
que présente une semblable situation tant pour la société
elle-même que pour le public en général, qui, comptant
sur la protection d'une loi donnée, pourra se voir ainsi
opposer des dispositions toutes différentes.

Le seul moyen de remédier au conflit, c'est de l'empêcher de se produire, en adoptant une règle qui soit
commune aux différents États. Les législations se sont
mises déjà d'accord par elles-mêmes pour repousser le
système qui se rattache à la nationalité des associés. Il
faut faire plus : les lois sur les sociétés ne doivent pas se
borner à renvoyer à la loi du lieu où se trouve le principal établissement ; des textes précis et uniformes doivent trancher la question de savoir si c'est au lieu du
siège social ou de la principale exploitation qu'il faut se
référer (2).

(1) Cf. Barnes sur Kent, *loc. cit.*, et les précédents cités par lui.
(2) Le congrès sud-américain du droit international privé, tenu à
Montevideo en 1888-89, a résolu d'appliquer aux personnes morales :
a) en ce qui concerne leur constitution, la loi du siège social ; — *b)*
en ce qui concerne leur fonctionnement, la loi du pays où il a lieu.
Cf. Heck, *Der Kongress von Montevideo (Zeitschr. f. intern. Priv. und
Strafr.* I. (1891) p. 327).

A cet égard, il semble que la première solution soit préférable : 1° à cause de sa simplicité et de sa facilité d'application, puisqu'il n'y a qu'à se reporter aux statuts pour être fixé de suite ; — 2° c'est au lieu du siège social qu'est le domicile de la société, c'est là que celle-ci a par conséquent son existence juridique en tant que personne morale ; — 3° enfin on remarquera que le siège social d'une société ne change guère ou tout au moins ne change que difficilement ; s'il vient à être déplacé, c'est un événement qui ne peut passer inaperçu aux yeux des intéressés diligents et qui parvient aisément à leur connaissance. Il en est, au contraire, tout autrement de l'exploitation, dont les administrateurs peuvent accroître ou diminuer l'importance apparente dans tel ou tel État : il est facile de tromper ainsi le public, et, lorsqu'une catastrophe arrive, le chiffre des affaires et les livres apprennent tout à coup qu'en réalité la principale exploitation était là où on ne se le figurait pas.

POSITIONS

A. Positions prises dans la thèse.

DROIT ROMAIN.

I. — L'*actio injuriarum*, dès l'époque des XII Tables, n'était applicable qu'aux atteintes portées à la personnalité morale des individus.

II. — La *Lex Cornelia de injuriis* n'eut dans le principe d'autre but que d'établir une action criminelle contre les voies de fait et la violation de domicile.

III. — Il est inexact, dans le dernier état du droit, de considérer comme *injuria* toute atteinte portée à la capacité juridique des individus.

IV. — La division proposée de l'*actio injuriarum*, en action *abstraite* et *concrète* est inexacte.

THÈSE FRANÇAISE.

I. — La possibilité d'une double nationalité existe en fait dans l'état actuel du droit.

II. — Le *jus soli* est la véritable base du droit américain sur la nationalité.

III. — En cas de double nationalité la loi à appliquer est celle du domicile actuel de l'individu.

IV. — La nationalité des sociétés par actions doit dépendre du lieu où se trouve établi le siège social.

B. — Positions prises en dehors de la thèse.

DROIT ROMAIN.

I. — La création des *defensores civitatis*, n'a pas fait disparaître les *duumviri juri dicundo*, qui ont coexisté avec eux jusqu'à la chute de l'empire d'Occident au moins, en Gaule et en Espagne, et jusqu'au milieu du VIe siècle au moins, en Italie et dans l'Empire d'Orient (*Rev. histor.*, 1889, 538-547).

II. — Les actions noxales ont eu successivement pour base, la vengeance privée, la composition volontaire, la composition légale (*Rev. histor.*, 1888, 37 et s.).

III. — En l'absence de société, il y a un recours possible entre les débiteurs corréaux (Savigny, *Oblig.*, I, 250).

IV. — L'absolution irrévocable, mais intervenue par erreur, d'un véritable débiteur, laisse subsister une obligation naturelle (Savigny, *Oblig.*, I, 90).

DROIT FRANÇAIS.

I. — La responsabilité des patrons dans les accidents du travail est délictuelle.

II. — En cas de remboursement à prime ou avec lot d'une valeur soumise à un droit d'usufruit, le lot ou la prime appartiennent au propriétaire pour la nue-propriété et à l'usufruitier pour la jouissance (Paris, 13 avril 1878, Sir., 1878, II, 134).

III. — Lorsqu'un mineur se marie, il suffit pour la validité de son contrat de mariage, qu'il soit assisté dans cet acte par celui de ses ascendants dont l'avis prévaudrait en cas de dissentiment pour son mariage (Agen, 24 octobre 1888, *Dall.*, 1890, II, 105).

IV. — La déchéance du terme qui atteint le débiteur principal tombé en déconfiture ne s'étend pas à la caution ; celle-ci ne peut être poursuivie qu'à l'époque convenue pour l'exigibilité de sa dette (Cass., 3 juill. 1890, *Dall.*, 1891, I, 5).

DROIT COMMERCIAL MARITIME.

I. — En cas d'abordages en pleine mer entre navires de nationalités différentes, la responsabilité du propriétaire ou du capitaine doit être établie d'après la loi du pavillon du capitaine à qui on reproche une faute.

II. — Les clauses des connaissements, par lesquelles l'armateur ou le capitaine se déchargent de la responsabilité de leurs fautes personnelles sont valables ; elles ne le sont pas dans les billets de passage, pour le transport des personnes.

III. — Le contrat d'assurance maritime n'est pas nul pour réticence, s'il y a absence de déclaration des faits postérieurs à la conclusion du contrat.

IV. — Il peut être stipulé dans le contrat d'affrètement que le frêt dû sera payable à tout événement.

Vu par le Doyen,
COLMET DE SANTERRE.   Paris, le 1er août 1891,
                                                            Le Président :
                                                     Ch. LYON-CAEN.

Vu et permis d'imprimer :
Le Vice-Recteur de l'Académie de Paris,
GRÉARD.

TABLE DES MATIÈRES

DROIT ROMAIN

SUR LE DÉVELOPPEMENT HISTORIQUE DE L'*ACTIO INJURIARUM* EN DROIT PRIVÉ ROMAIN.

DROIT FRANÇAIS

DE LA DOUBLE NATIONALITÉ DES INDIVIDUS ET DES SOCIÉTÉS.

Imp. G. Saint-Aubin et Thevenot, St-Dizier (Hte-Marne). — 30, passage Vardeau, Paris.

Imp. G. Saint-Aubin et Thevenot, Saint-Dizier (Hte-Marne). 30, passage Verdeau, Paris.

www.ingramcontent.com/pod-product-compliance
Lightning Source LLC
Chambersburg PA
CBHW070506200326
41519CB00013B/2737